Lev livet enkelt
- Dit liv er som du vælger at leve det

I0540529

En følelses- og tankevækkende bog, der giver indsigt i, hvordan det at leve enkelt, kan give overblik og ro. Bogen kræver nærvær, og ved dette nærvær, oplevede jeg en dyb indre ro og fjernhealing. Bogen giver mere end blot faglig viden. I slutningen af hvert afsnit opfordres læseren til at fordybe sig i spørgsmål i forhold til ens eget liv. Dette inspirerede mig til at reflektere over spørgsmålene efter at have lagt bogen fra mig. Bogen kan bruges som opslagsbog, da hvert afsnit afsluttes. Bogen kommer ind på åndelige såvel som mere jordnære emner. Det skrevne kan bruges som konkrete værktøjer, som jeg har taget til mig og bruger i min hverdag. Vil du gerne have konkrete forklaringer på, at der er mere mellem himmel og jord, er *Lev livet enkelt,* en fyldestgørende bog.

- Rikke Jehs Løh, underviser i Mindfulness & yoga

Lev livet enkelt
- Dit liv er som du vælger at leve det

af Erik Istrup

Lev livet enkelt
- Dit liv er som du vælger at leve det

2. udgave, 2013

Copyright © 2009, 2013 Erik Istrup

Forlag: Erik Istrup Publishing © 2013

Print & distribution: Ingram Spark

Font: Palatino

ISBN: 978-87-92980-01-4

Varegruppe: Krop og sind, diverse

Genre: Livsstil, personlig udvikling

Erik Istrup Publishing
Igimaq 8, 3905 Nuussuaq, Greenland
www.erikistrup.dk/publishing/

Indhold

Indledning

Der er skrevet i tusindvis af bøger på utallige sprog om selvudvikling, så hvad fortæller denne bog som de andre ikke gør? Intet! Den fortæller ikke noget som ikke allerede er fortalt; den har det samme budskab som altid er blevet bragt til menneskeheden, men da vi alle er forskellige og har forskellige måder at lære på, bliv denne bog skabt. Bøger der er skrevet for mange år siden, er skrevet i en anden tid, i en anden bevidsthed og til mennesker med en anden forståelse, end de mennesker der lever i dag. Det der dengang blev skrevet var den sandhed eller visdom der var behov for på daværende tidspunkt. Den sandhed der præsenteres i dag, passer til nutidens bevidsthed, der kan rumme så meget mere end der var mulighed for tidligere. Det kan sammenlignes med to svampe: Den 2000 år gamle svamp kan indeholde én deciliter vand, mens den nye svamp i dag, kan indeholde 10 deciliter. Her symboliserer vandet sandhed.

Mange bøger om personlig udvikling starter med at fortælle, hvordan man slipper af med alt det man har fået samlet op i ens liv indtil nu. Som regel er der rigtig meget, som man gerne vil kassere, og det kan virke helt uoverskueligt. Jeg vælger at starte med fostret og så gå den anden vej. Når vi forstår hvorfor vi er som vi er og har det som vi har det, vil det være lettere at slippe af med de ting som vi ikke længere ønsker skal være en del af os selv. Inden vi fokuserer på fostret og et liv, er der nogle begreber, som jeg er nødt til at gennemgå.

Med titlen, *Lev Livet Enkelt* opfordrer jeg dig til at vælge at leve livet ud fra enkle principper i stedet for at vælge at gøre livet kompliceret og uoverskueligt. Jeg har, under skrivningen, haft meget fokus på, at budskabet skulle være enkelt. Forsøger man at forklare for meget, bliver budskabet ofte komplekst og derfor vanskeligere at forstå og bruge i praksis. Når noget er komplekst, begynder sindet at tænke for meget og søge løsninger og mulige problemer ved disse løsninger. At tænke kan derfor skabe flere problemer end det løser. Her gælder det om at føle ind til om budskabet føles som sandhed for dig. Du vil måske til tider føle, at det jeg fortæller er noget svævende, men det er svært at give konkrete eksempler som alle kan bruge, da vi jo netop er forskellige. Ved at holde forklaringerne på et mere generelt niveau, bliver informationerne relevante for alle der læser dem. Du må så prøve at se, hvordan du bedst kan bruge dem. Jeg vil, for overskuelighedens skyld, male dig et billede med få farver og ikke for mange nuancer som du så kan male videre på. Det gælder som altid om at bruge sin sunde fornuft og skelneevne, også med hensyn til det du læser i denne bog. Når du læser bogen, kan den føles noget steril. Jeg har med vilje ikke tilført meget af "mig selv", men har haft fokus på at bringe dig information og vejledning. Nogen steder kommer jeg frem mellem linjerne og vi mødes "ansigt til ansigt". Vi kan sige, at jeg sidder og skriver til dig, samtidig med, at du læser hvad jeg skriver. Vi kan derfor mødes i dette fælles nu, hvor vi sidder "på hver side af papiret".

Hvert kapitel afsluttes med nogle uddybende spørgsmål eller kommentarer. Herved kan du vælge at gå dybere ind i dig selv, som en slags dybere bevidsthedsarbejde, der kan hjælpe dig yderligere på vej. Det kan af og til se ud som om nogle af punkterne er ens i deres indhold, men som du selv ved, kan et uforståeligt spørgsmål blive forståeligt, hvis det blot omformuleres. Mange af punkterne sætter spørgsmålstegn ved den måde du lever og tænker på, eller mere præcist, hvad din personlighed foretager sig. Du vil måske opleve, at du har modstand mod at arbejde med punkterne: Du gider ikke, du er for træt lige nu, du forstår ikke punkterne eller du føler en pludselig vrede rettet mod dem og så videre. Det er en meget naturlig reaktion. Det er din personlighed der kæmper for sit liv. Den føler nemlig, at du er i gang med at undergrave dens betydning i dit liv. Og den har jo ret. Du er derfor nødt til at gøre den klart, at den er en naturlig del af dit liv når det gælder samspillet med andre mennesker, og at du blot fritager den for noget arbejde. Alt dette kan lyde noget uforståeligt, men jeg vil uddybe dette senere. Her vil jeg kun forberede dig på, hvad du kan opleve, og samtidig fortælle dig, at det er helt i orden hvis du har sådanne oplevelser.

Ord der forklares nærmere i ordlisten, er mærket med en stjerne* første gang det forekommer i teksten.

Tak

Jeg vil gerne takke alle der har opmundret mig i mit arbejde med at færdiggøre de vage tanker der startede denne udgivelse; og de der har læst tidlige udkast og kommet med forslag, specielt Lenna Lisbeth Nønne Rasmussen og Natalie Key, der har gennemlæst flere versioner og givet værdifulde kommentarer og forslag til, hvordan jeg kunne forbedre indholdet og gøre det mere tilgængeligt.

Ordliste

3D: Tredimensional. På Jorden har vi tre dimensioner: længde, bredde og højde. Nogen regner også "tiden" som en dimension. Jeg oplever tiden som værende en egenskab ved 3D, for at vi kan opleve og få en følelse af fortid, nutid og fremtid.

Aspekt: Del af. Fx er sjælen et aspekt af Alt Som Er.

DNA: (fra http://da.wikipedia.org): Deoxyribonukleinsyre (forkortet DNA) er en nukleinsyre, der indeholder de genetiske instruktioner, der benyttes i udviklingen og opretholdelsen af alle kendte levende organismer og nogle vira.

Dobbeltspalteeksperimentet: Fysikkens bevis på, at observatøren eksisterer og at vores verden kun eksisterer på grund af denne: Elektroner opfører sig som "bølgeenergi" når de ikke observeres/måles, men som partikler, altså fast stof, når de observeres/måles. Det er observatøren eller bevidstheden der får de "usynlige" bølger til at blive til synligt stof. Se også kapitlet, Henvisninger.

Dualitet: Todelt; at noget består af to dele; at der er modsætninger.

Energiinformation: fx består en kop af energi, men energien indeholder samtidig information om koppens egenskaber som form, farver, materialer og så videre. Også ikke-fysiske ting indeholder information bare om andre egenskaber.

Facet: Synsvinkel. Fx en facetslebet diamant: Verden ser forskellig ud, alt efter hvilken flade på diamanten du vælger at betragte den gennem, men det er stadig den samme Verden du ser på.

Mantra: Et eller flere ord eller en sætning der til stadighed gentages under, eller som, meditation, for at holde fokus på nuet og dæmpe tanker og følelser.

Nedtransformere: På lyskæden til juletræet sidder der en transformator der nedtransformerer netspændingen i stikkontakten fra 230 volt til fx 12 volt til pærerne. Det er også det der er sket, når du vågner efter en drøm: Din højere bevidstheds oplevelser, mens du sov, bliver nedtransformeret i din drømmebevidsthed og det der "kommer ud" indeholder mindre end de oprindelige oplevelser, da det skal præsenteres for den tredimensionale dagsbevidsthed.

Neuropeptid (fra http://da.wikipedia.org): en organisk, kemisk forbindelse som består af små kæder af aminosyrer bundet sammen af peptidbindinger.

Receptor: Et modtagerpunkt på en celles overflade, der er kodet til kun at modtage stoffer med en bestemt struktur eller nøgle, hvor receptoren så er låsen.

Jeg taler til dig

Jeg vælger at tale direkte til dig i det jeg skriver, for derved at få en tættere kontakt og inddrage dig personlig, så du ikke tror, at det er "de andre" jeg taler til. Ja, jeg bliver personlig og jeg håber, at du vælger at tage det ind som mulige redskaber til brug i dit liv. Jeg siger intet for at fornærme eller nedgøre dig; jeg vil provokere dig, ja, men kun for at gøre dig opmærksom på noget, og måske få dig til at tænke anderledes og overveje at gøre og se tingene på nye måder. Det handler netop om udvikling. Hvis man er utilfreds med det man har eller er, må man selv være ansvarlig for at forandre situationen. Ved at tænke anderledes og gøre ting anderledes, vil livet også forandre sig.

Alt hvad jeg præsenterer for dig er fremlagt med den største kærlighed og respekt. Det er derfor altid en god idé at spørge ind til de følelser der dukker op når du læser bogen, da det gerne får dig til at opdage nye ting om dig selv. De tilhører jo dig.

Selvudvikling

Selvudvikling betyder, at selvet bevidst vælger at udvikle sig. Selvet er den bevidste del af dig, men jeg vil komme meget mere ind på dette senere. Det er selve det at vælge at gøre det, der sætter processen i gang. Dette gælder også de tilfælde hvor en person "smider håndklædet i ringen" fordi man ikke længere orker at være i sin nuværende situation eller finde en løsning på denne. Man overgiver sig. At overgive sig, betyder i virkeligheden, at man giver sig over til hele det potentiale man er, og ikke bare det som man overgiver sig fra at tro, at man er.

Når du senere ser tilbage på hvornår din selvudvikling begyndte at tage fart, vil du måske opdage, at der skete nogle ting, som du vil sige ikke var bevidste valg fra din side. Jeg vil senere vise dig, at vi hver især skaber vores eget liv, hvilket betyder, at de indledende begivenheder også er skabt af dig, men på et dybere plan end din daglige tankevirksomhed og dagsbevidsthed.

Selvudvikling handler i meget høj grad om at få en erkendelse af, hvad man er en del af. Det handler om at få et overblik og se et sammenhæng i sit liv. Dette overblik fjerner mange frustrationer over ikke at kunne forstå sin egen situation, og når frustrationerne forsvinder får man et større overskud i livet. Overblik giver overskud.

Selvudvikling er også selvindsigt. Det kræver nemlig, at du ser "indad" og opdager, at du indeholder meget mere end du først troede. Du får et bedre billede af, hvad du er og ikke mindst, hvad du ikke er. Det betyder også, at du må acceptere det som du finder frem til, at du er. Du kan så senere vælge til og fra, men det kommer vi til senere i bogen. Der findes ikke noget der er godt eller skidt, men det er sådan, at vi mennesker som regel bedømmer både Verden og os selv.

Til fordybelse

• Hvilke begivenheder gjorde, at du fik kendskab til denne bog?

• Ser du det som en tilfældighed, at du stødte på denne bog, eller føler du, at det var meningen, at du skulle opdage den?

• Er der en begivenhed der har sat gang i din bevidste udvikling, og var der nogle små tegn, der ledte op til denne?

• Hvordan vil du selv definere selvudvikling?

• Er der et eller flere mål med dit liv, og hvis der er, hvordan definerer du så disse mål?

• Hvordan ser du dig selv i forhold til disse

16

mål?

- Hvor kan målet med selvudvikling og målene med livet komme fra?

Sandheden

Vi kan også bruge begrebet, sandhedslag. Forestil dig at sandheden er opbygget i lag. Den basale sandhed er nederst og beskriver meget enkelt hvordan alting hænger sammen. Det betyder ikke, at sandheden bliver mere kompleks jo højere man kommer op i lagene. Noget er kun sandhed, når det forstås og når noget forstås er det blevet enkelt. Her tænker jeg ikke så meget på den mentale forståelse, men mere bevidstheden om, at det er sandhed.

Sandheden som du støder på, vil altid kun være en del af Sandheden. Sammenligner du to sandheder, kan de umiddelbart virke modsigende, men med en tredje (og højere) sandhed, kan de to første ses som gyldige facetter* i et større hele. Du står derfor ikke nødvendigvis over for at skulle vælge mellem to udsagn, hvor kun den ene er "sandheden".

Et banalt eksempel kan være, at du står og taler med to af dine venner og du nævner en person der ikke er til stede og siger, at han er tysker. En af dine venner siger overbevisende, at han er italiener, da han har hørt ham tale flydende italiensk. Du holder stædigt på, at han er tysker, for du var med, da han fortalte nogle tyskere, på perfekt tysk, hvordan de fandt hen til det hotel, som de ledte efter. Den ven, der endnu ikke har talt, kan så fortælle, at personen fak-

18

tisk er født og opvokset i Italien lige på grænsen til Tyskland. Her er det den tredje person, der kommer med det, der samler de to umiddelbare modsætninger til en logisk sandhed, nemlig at personen er tosproget, og kan, på grund af fødestedet, tale begge sprog flydende.

Når du derfor læser noget, som du føler, at du ikke forstår, eller som ikke passer til noget du tidligere har læst eller hørt før, så tag det blot som en information og en mulig sandhed, for måske dukker der endnu en sandhed op, der får de tidligere informationer til at falde på plads i en større sammenhæng. Den større sandhed er nødt til at komme i små stykker, da det tager tid at indarbejde den i vores nuværende opfattelse af sandheden. Det er endnu sværere, hvis man er nødt til at smide noget af det gammelkendte ud som har dannet et fundament i ens liv, men som nu kan erstattes af en større sandhed. Den gamle sandhed kan være så svær at komme af med, at man vælger at fornægte den nye sandhed, som man er stødt på og lever videre med den gamle. En gammel sandhed kan være den, at man er overbevidst om, at man skal arbejde otte timer om dagen, at arbejdet er surt og at man er dødtræt når man kommer hjem. Hvis du så møder en person der kun arbejder fire timer om dagen, elsker sig arbejde og kommer hjem, fyldt med energi, vil du være tilbøjelig til at mene, at det samme ikke også kan komme til at gælde for dig. Men denne person har netop vist dig, at det kan lade sig gøre, måske var det derfor du mødte personen. Netop da alle mennesker er lige værdige til et godt liv, hvilket er en påstand fra min side, gælder det naturligvis også for dig. I den forbindelse kan en gammel sandhed for dig netop være, at du ikke er værdig til et godt liv. Denne sandhed kan hindre dig i overhovedet at prøve at forfølge sandheden med en firetimers arbejdsdag, for slet ikke at tale om en firetimers arbejdsuge.

Den gamle vending "man ved hvad man har", passer godt ind i dette med ikke at turde vælge noget andet. Det er angsten for det ukendte og angsten for ikke at kunne håndtere og leve op til noget større. Man føler sig for lille og ubetydelig, og kan ikke forestille sig selv i en rolle som er mere end det man er nu, men det er netop det, personlig udvikling handler om.

Dette med at være bange for noget nyt er helt normalt. Det er et overlevelsesinstinkt, der skal forhindre os i at gøre livsfarlige ting, men samtidig vil man netop overleve hvis man handler anderledes end man plejer og derved opdager nye muligheder. Disse nye muligheder kan være en større sandhed.

Sandheden kommer ikke kun til os som det talte

eller skrevne ord, billeder og film og andre sanseindtryk, Faktisk får vi mere energiinformation* end "almindelig" information. Energiinformation er data eller egenskaber ved nogen eller noget som vi støder på. Ser du for eksempel et fotografi af en person, kan du opleve "at vide" noget om denne person, som ikke fremgår af billedet. Det kan også kaldes bevidsthedsinformation, da du bliver bevidst om noget uden egentlig at have brugt dine almindelige sanser til at få fat i det. Dette kan være udtrykt i en tanke eller en idé. Med bevidsthedsinformation mener jeg visdom der tilflyder dig fra dit højere selv. Jeg vil senere vende tilbage til, hvad det højere selv er, men du kan se det som din inderste kerne. Vær derfor opmærksom på, at alle begivenheder du oplever og informationer som du modtager uanset hvorfra, er eller kan være noget, som du kan bruge i dit liv. For eksempel svaret på et spørgsmål som du har stillet eller en ledetråd hen mod det rigtige svar.

Vær opmærksom på, at hvert menneske taler sin egen sandhed ud fra de erfaringer det har haft i sit liv. Dette betyder, at personen ser livet gennem sine erfaringers briller, hvor erfaringen danner grundlag for personens opfattelse af sandhed.

Til fordybelse

- Har du oplevet at høre noget som du bestemt ved er forkert ud fra en viden du har fra tidligere, og så senere finder ud af, at det du har hørt også er korrekt?

- Hvordan vil du føle dig, hvis du ved, at alt hvad du støder på er sandhed, når du ser bort fra de "almindelige løgne" du oplever?

- Prøv at forklare hvad sandheden er for dig. Kom med nogle eksempler.

- Ved du, eller kan du huske, hvor disse sandheder kommer fra?

Del 1: Bevidsthed

At blive bevidst om sin bevidsthed

Hvis vi to mødes og kommer i snak, vil du måske på et tidspunkt i samtalen nævne, at du **har** en krop og ikke, at du **er** din krop. Det er dermed tydeligt, at du er **bevidst** om, at du har en krop, men at det ikke er hele dig. Netop den måde som du benævner din krop på, viser at du ikke identificerer dig med kroppen. Hvis du for eksempel mister et ben, mister du godt nok noget af kroppen, men du føler ikke på samme måde, at du mister noget af dig selv, altså, at der er blevet mindre af dig.

Når du taler om følelser, siger du måske oftest, at "jeg føler…". Her er du mindre bevidst om, at du **har** følelsen og ikke **er** følelsen.

Det samme gælder for tanker. Du tænker noget, mere end du **har** tanker.

Dette med krop, følelser og tanker som jeg lige har nævnt, peger på, at du er bevidst om, at kroppen er en del af dit jeg, mens du mere ser tanker og følelser som værende jeget. Jeget er det som du vil kalde den du er.

Den bevidsthed der observerer kroppen, tankerne og følelserne må nødvendigvis være noget andet og være placeret "et andet sted" end de nævnte ting for at kunne observere disse. Jeg vil kalde denne observerende bevidsthed for observatøren. Denne betegnelse bruges også i andre sammenhænge og vil også af nogen blive betegnet som sjælen.

Nedenstående figur er en meget simplificeret model, der ikke skal gøre det ud for sandheden, men kun tjene som illustration.

Mennesket

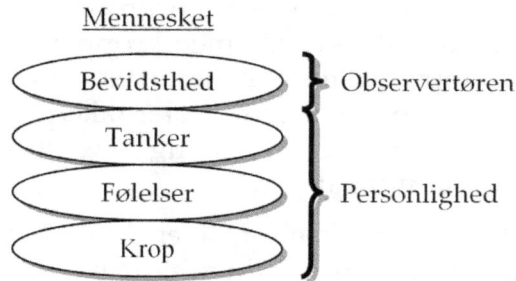

Dine sanser sidder i hovedet, her tænker jeg på syn, hørelse, smag og lugt, derfor kan du være tilbøjelig til at mene at "du" sidder i hovedet. Du sanser også med kroppen, så derfor er du bevidst om, at du har en krop. Du kan naturligvis også se den.

Det er hverken dine tanker eller dine følelser der sanser din omverden. "Det er min hjerne," kan du være tilbøjelig til at svare. Bevidstheden er ikke hjernens tanker, bevidstheden er den der er bevidst om tankerne. Og hvor sidder følelserne?

Når jeg, efter dette jeg lige har fremført, spørger dig om hvor dit jeg "sidder", og det gør jeg nu, vil du måske svare, at "tankerne foregår i hjernen og det er mit jeg." Nu spørger jeg ind til hvor du tror følelser som for eksempel glæde eller had foregår og du svarer måske, ved at kæde følelser og tanker sammen, men du kan egentlig ikke placere det i den fysiske krop eller udenfor, for den sags skyld.

Al den snak om observatøren og personligheden er for at vise dig, at det der DIG som bevidsthed, der er observatøren og at DU har en personlighed og at du IKKE er denne personlighed. Det er bare så pokkers vanskeligt at skelne hvad der er hvad, da alt dette er så tæt forbundet og arbejder så perfekt sammen.

Jeg husker, at jeg som barn tænkte på, hvorfor netop JEG så ud at disse øjne. Hvorfor så jeg ikke ud af et andet par øjne og hvorfor var jeg placeret i netop denne krop. Disse overvejelser har gjort, at jeg, på et eller andet niveau, altid har følt mig speciel, da ingen andre nogensinde talte om sådan noget. Det var også et vink fra mig til mig om, at jeg var mere end blot det der kunne ses. Jeg brugte det ikke aktivt, men havde det blot som en vished om at der er noget "større" eller i hvert fald noget "mere".

Det første skridt for at få observatøren i fokus hos dig, er at få adskilt tanker og følelser som to selvstændige begreber eller funktioner. Ved "den stille meditation" (se kapitlet om meditation), bliver du bevidst om, at tankevirksomheden kan falde til ro. At du kan VÆRE uden at tænke. Første gang det sker, er som regel en stor oplevelse. Det handler om at finde stilheden i dig selv. I starten kræves blot stilhed omkring dig, senere kan lyde omkring dig blot blive til en del af det der IKKE er dig og du lader dig ikke forstyrre af dette, ligesom du ikke forstyrres af tanker og følelser.

Når tankerne ikke forstyrrer dig, kan du være mere bevidst om dig selv, altså dit virkelige selv. Ved derefter blot at observere dine følelser og stadig være bevidst om, at du er til, er du ved at være blevet bevidst om, at du er observatøren. Det jeg, der er bevidst om, at det er bevidst uden forstyrrende tanker og følelser. På dette tidspunkt er du helt bevidst om, at kroppen ikke er dit virkelige jeg, lige såvel som tanker og følelser ikke er det.

Jeg oplevede, at uden forstyrrende tanker og følelser, havde jeg meget mere energi end tidligere. Jeg fandt ud af, hvor meget energi jeg tidligere havde brugt på unødvendige tanker og opslidende følelser, det meste hidrørende fra bekymringer og kritiske tanker. Jeg er måske nødt til her at understrege, at du naturligvis ikke er blevet "hjernedød" og følelseskold, du er blot kommet af med alt det "støj" du tidligere fyldte dit liv med og som tog utrolige mængder af den energi du kunne have brugt på, hvad vi mennesker kalder positive tanker og følelser. Du har nu et overskud, både til dig selv og til dine omgivelser.

Du kan modtage støj i form af ubehag og smerter fra kroppen, der vil forstyrre dig under meditationen. Det er signaler til dig om, at der er noget der bringer disharmoni i dit liv. Du har nu muligheden for, i meditationens stilhed at spørge ind til, hvad du kan gøre for at bringe harmonien tilbage i dit liv. Det kræver dog, at du er ærlig overfor dig selv. Det kommer vi ind på senere.

Jeg har prøvet at få dig til at beskæftige dig med de enkelte dele af dig og din personlighed, som krop, tanker og følelser, for derved at give dig en større forståelse af hver del. De enkelte dele arbejder naturligvis sammen, og skal derfor både ses som selvstændige funktioner og som en helhed. Dette gør jeg, for at du skal se, at der nødvendigvis må være et eller flere "højere" jeger. Nu hvor du har "adskilt" dig fra tanker og følelser, kan du se disse som redskaber i dit liv og i dit samspil med omverdenen.

Hvorfor har observatøren så overhovedet valgt at have en krop og være her? Hvorfor kan observatøren ikke bare være uden at alt dette er "koblet på"? Jo, ser du, kroppen er et nødvendigt redskab for observatøren, hvis denne skal sanse, agere og reagere i denne fysiske oplevelsesverden. Observatøren skal kunne opleve sig selv og andre, skabe og udtrykke sig, kort sagt, leve livet. Kan observatøren ikke leve uden det fysiske aspekt*? Jo, men netop ved at leve i det fysiske, bliver alt meget mere intenst. Det kan svare til, at du ellers måtte nøjes med at dufte maden uden at kunne opleve alle de andre facetter af et måltid. Tænk bare på alle de ting som du ikke kunne gøre uden en fysisk krop i en fysisk verden! Jeg kommer ind på det senere, men observatøren ønsker netop at opleve og udvikle sig gennem sine oplevelser.

Observatøren optræder også i dine drømme: Du har sikkert oplevet, at du har befundet dig i en drøm hvor du er klar over, at det der sker, foregår i en drøm. Det er observatøren der er bevidst om, at det der opleves er en drøm. Jeg vil senere komme mere ind på hvad drømme er og hvad de kan bruges til.

Lad os prøve at få lidt mere styr på hvad denne observatør er og hvor den stammer fra. Jeg vil i næste afsnit bruge begrebet "Alt Som Er". Det er den bevidsthed, der er fuld bevidst om sig selv. Er du klar? Så starter vi.

Til fordybelse

- Har du haft oplevelser der har vist dig, at du er observatøren der oplever personlighedens tanker og kan du beskrive denne oplevelse?

- Har du haft oplevelser der har vist dig, at du er observatøren der oplever personlighedens følelser og kan du beskrive denne oplevelse?

- Har du oplevet stilheden uden tanker og følelser og kan du beskrive denne oplevelse?

- Kan du huske den første gang du oplevede følelsen af at være til og i hvilken sammenhæng?

Energi og bevidsthed

Bevidsthed kan ikke forklares i sin fuldstændighed, da det ligger ud over hvad den tredimensionale hjerne kan fatte, men jeg vil prøve at tilfredsstille dit intellekt med den følgende beskrivelse. Alle ting er skabt af energi, men bevidsthed er ikke en ting og er ikke skabt af energi. Energi er kort fortalt et "ikke fast stof", der anvendes til at opbygge alt fysisk stof med. Det er derfor vi siger, at den fysiske verden er en illusion. Energien fremtræder her kun på en måde der opfattes som fysisk.

Når vi taler om bevidsthed, kan vi tale om, at det er den katalysator eller bygmester, der starter en skabelsesproces ud fra fokus på nogle muligheder ud af uendelig mange.

Det forholder sig endda sådan, at det kun er forstadier til energi der ligger klar til at blive aktiveret når en mulighed får bevidsthedens fokus. Du kan måske forestille dig, at vanddråber er disse hvilende forstadier. Når bevidstheden fokuserer på en mulighed, samles alle disse vanddråber til en sø, der så bliver energien, og ud af søens vand kan der skabes vidunderlige figurer af is.

Bevidsthed har ingen udstrækning og behøver derfor ikke rum for at eksistere. Det betyder, at rum eller udstrækning er en illusion. Hvis der ikke er noget rum, er der heller ingen adskillelse. Alt hvad der ikke er bevidsthed eksisterer "i virkeligheden" ikke. Se kapitlet "Dimensioner".

Bevidsthed bruger eller "tager" ikke tid og eksisterer derfor ikke i tid. Det betyder, at tid eller tidsrum og det vi kender som fortid, nutid og fremtid er en illusion. – Se kapitlet "Tid".

Jeg stillede på et tidspunkt følgende spørgsmål til mit højere selv: "Kan bevidsthed have fokus på noget specielt og ikke på noget andet? Hvis det er tilfældet kan vi tale om bevidsthedsseperation eller bevidsthedsdeling."

Der gik måneder før jeg fik et svar: "Hvis du laver en skala der går fra fuld bevidsthed til ingen bevidsthed, kan denne skala beskrive, at man kan befinde sig på forskellige niveauer af bevidsthed. Vi kan også beskrive det med linser til et kamera, der kan gå fra vidvinkel, hvilket svarer til et stort synsfelt og fuld bevidsthed, til telelinse, hvilket svarer til et lille synsfelt og lav bevidsthed."

"Der findes kun én bevidsthed, men da den, så at sige, er delt ud i mindre dele, som da vi i starten talte om Alt Som Er, har disse delbevidstheder kun en begrænset bevidsthedsvinkel, svarende til linsens teleindstilling, når den fokuserer "ud" i 3D. Placerer du Alt Som Er's ful-

31

de bevidsthed i centret som på et hjul, vil egerne repræsentere delbevidsthederne og vise, at Alt Som Er kan "se" ud af alle egerne på én gang."

Jeg har tidligere nævnt, at tanke ikke er det samme som bevidsthed. Da det er bevidstheden der er den skabende kraft, er det ikke tanken der i sig selv er skabende. Vi kan højest sige, at det er tanken, eller egentlig tanken gentaget mange gange, der kan foranledige en overbevisning der så bliver en del af dit liv. Den gentagende tanke fungerer som et mantra*. Tænker du ofte, at du ikke er god nok, vil du efterhånden "skabe" dette i din virkelighed og se det genspejlet i dit liv. Du "beder" om, at dette bliver til din "virkelighed". Dette er en del af den frie vilje. På grund af denne gentagelse hypnotiserer du faktisk dig selv til at have denne overbevisning.

Til fordybelse

• Kan du finde eksempler på gentagne tanker eller overbevisninger, der optræder i dit liv?

Alt Som Er

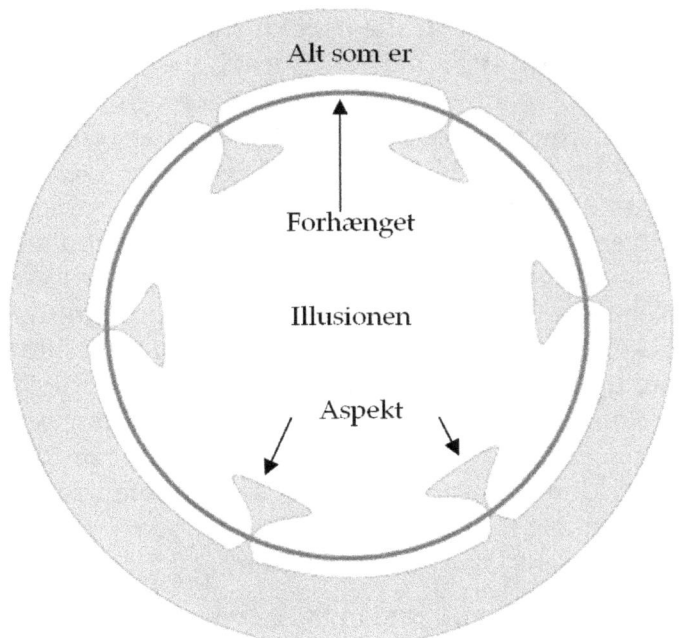

Alt Som Er og Illusionen (forenklet)

Jeg vil fortælle dig en lille historie om, hvorfor vi er her. Inden Universet blev skabt var den bevidsthed som vi kalder Alt Som Er, fuldt bevidst om sig selv i REN VÆREN. Alt Som Er fik så den tanke, at den også aktivt ville OPLEVE sig selv og ikke bare VÆRE passivt. Hvordan kan man fuldt ud opleve sig selv på ny, hvis man ved alt om sig selv? Det løste Alt Som Er ved at skabe

33

aspekter eller dele af sig selv, som hver indeholdt en unik kombination af alle dens egenskaber. Derudover skulle aspekterne glemme hvor de kom fra og hvad de i virkeligheden er. Alt Som Er, skabte et sted udenfor sig selv med et bevidsthedsforhæng eller filter som aspekterne ikke umiddelbart kunne "se" igennem. Derved kunne Alt Som Er, gennem aspekterne opleve sig selv uden at kende sig selv. Denne legeplads er en illusion, da den ikke viser hvad der i virkeligheden sker. Da det er en illusion kan den ikke være en del af Alt Som Er, men må befinde sig udenfor. Dette er naturligvis svært at forstå, netop når Alt Som Er er alt som er. Du kan derfor sige om dig selv at du også er Alt Som Er, med den mening, at ordet "også" refererer til det du er i illusionen. Du vil få en større forståelse af dette, når du læser videre.

Når jeg taler om illusion, mener jeg som sagt noget der ikke er hvad det ser ud til at være. I dette tilfælde er det vores tredimensionelle verden af mere eller mindre faste stoffer; altså ting der er opbygget af atomer.

Efterhånden som forskerne kan undersøge mindre og mindre dele af atomet, har de fundet ud af, at atomet ikke er bygget op af fast stof, men af energi. Når de undersøger energien finder de ud af, at bestanddelene i denne energi er uanede muligheder, der først bliver til stof, når en bevidsthed starter en skabelsesproces. Se Dobbelt-spalteeksperimentet* under kapitlet, Henvisninger. Ved at bruge sin forestillingsevne eller fantasi aktiveres muligheder der så begynder at tiltrække energi hvorefter opbygningen begynder. Er der tale om en fysisk genstand, dannes den først på et ikkefysisk plan, hvorefter den kan nedtransformeres* til at fremstå som fysisk.

Det lyder temmelig abstrakt, at de mindste byggesten er muligheder og at bygmesteren er bevidsthed. Jeg vil lige nævne igen, at vi ikke kan sætte lighedstegn mellem bevidsthed og tanke, men vil i øvrigt vente med at tale om forskellen mellem disse to begreber til senere i bogen.

Jeg ved godt, at vores fysiske hjerne ikke kan forstå hvordan muligheder kan blive til fast stof, men det er så her hjernen må acceptere, at der er ting som den ikke er skabt til at forstå. Det er ud over dens tredimensionelle fatteevne. Dermed har jeg også fortalt, at hjernen arbejder med forståelse af den tredimensionelle verden. Her er det vores bevidsthed der skal fornemme eller føle hvad det betyder på en intuitiv måde. Vi går altså fra at tænke til at føle og dermed blive mere bevidste. Det viser netop, at tanker har sine begrænsninger.

Jeg vil slutte udredningen med at fortælle, at illusionen er et sikkert sted at opleve i, da den netop ikke er ægte. Kroppen kan tage skade og dø, men for dig, observatøren, der er bevidsthed, er det sikkert.

Hvis et af føromtalte aspekter bliver i stand til at se gennem forhænget, kan det se, at de enkelte aspekter ikke er adskilte, men er en del af Alt Som Er. Dette er en stor oplevelse af sandhed. Når et menneske dør, bliver aspektets bevidsthed trukket tilbage gennem forhænget, men beholder dets unikke kvaliteter og erfaringer i form af visdom. Kroppens bestanddele returneres til Jorden.

Alt Som Er spurgte måske sig selv, første gang den gik ind i illusionen: "Kan jeg mon genkende mig selv, når jeg møder mig? Altså, kan jeg se Alt Som Er i andre og dermed i mig selv?" Ønsket er altså at OPLEVE og ikke blot at være. Når vi mennesker ønsker at VÆRE i stedet for at GØRE, er det netop et dybtliggende ønske om at være den vi i virkeligheden er, nemlig Alt Som Er. Alt Som Er er (eller var) ren væren, men gennem os, aspekterne, nu også gøren eller handling.

For Alt Som Er, er det hele meget enkelt; nemlig at opleve. Der er mange facetter og uanede muligheder her, så hvert sekund du lever, gør du Alt Som Er's vilje, hvilket egentlig er din egen, nemlig at opleve uanset hvad det er. I Alt Som Er's øjne er der intet godt eller ondt, blot endnu en facet af uendelige muligheder. Alt Som Er kan ikke gøres fortræd eller dræbes. Det er kun i menneskets begrænsede forståelse, at det ser sådan ud. Ud fra dette perspektiv er du fuldstændig sikker her. Når jeg her refererer til dig er det Alt Som Er aspektet jeg mener; dit virkelige jeg.

Hvad vil Alt Som Er svare, hvis du spurgte om grundene til, at vi er her?: 1) Jeg vil opleve alle facetter af mig selv. 2) Jeg vil skabe og være kreativ. 3) Jeg ønsker at genopdage og erkende mig selv. 4) Jeg ønsker at føle alle følelser og opleve nye. – Kan du genkende nogle af disse ønsker som nogle du selv har udtrykt i forbindelse med, at du har taget de første skridt til selvudvikling? Du har hørt Alt Som Er's stemme i dig selv! Din egen stemme!

Til fordybelse

- Prøv at tænke lidt over hvordan Verden ville være hvis alle havde viden om hvilket "arbejde" vi har her.

- Har du haft oplevelser, der peger på en bekræftelse af, at du er et aspekt af Alt Som Er?

Kan du se, at observatøren fra forrige kapitel meget godt kan passe med det som jeg her kalder et aspekt af Alt Som Er? Jeg vil give dig endnu en lille historie, set fra en lidt anden vinkel. Hvis du her ser Alt Som Er, som et barn med

et barns umiddelbare glæde og ligefremhed, vil
du måske bedre kunne forstå de følelser der er
involveret. Historien vil jeg kalde:

Alt Som Er's kærlighed

Før verden blev skabt var der kun Alt Som Er. Selv i Alt Som Er uendelige visdom, havde Alt Som Er kun kendt sig selv "indefra". Da Alt Som Er var alt, og Alt Som Er ikke var i stand til at opleve sig selv, men kun at være sig selv, besluttede denne bevidsthed sig for at dele sig i to, så det var i stand til at "se" på et aspekt af sig selv. Disse to dele var ikke adskilte, men indeholdt det maskuline og det feminine aspekt af Alt Som Er. Dette med at dele Alt Som Er op i en maskulin og en feminin del, er naturligvis meget forenklet, men det passer godt som en tredimensionel forståelsesgrund for historien. Jeg vælger her bevidst ikke at sige mandlige og kvindelige, da det let giver associationer til mande- og kvindekroppen. Disse to aspekter, vi kan kalde dem dronningen og kongen, forelskede sig i hinanden. Dette var faktisk en helt ny følelse for Alt Som Er og Alt Som Er var jublende glad. Den originale kærlighedsfølelse var kærlighed til Alt Som Er selv, en "selvisk" kærlighed, men nu havde kærlighedsfølelsen fået en ny dimension. Den var blevet til mere end den var før. Alt Som Er havde skabt noget nyt! Selv om det stadig drejede sig om en kærlighed til selvet, var det en kærlighed der på en måde blev vendt udad. Jeg ved godt, at ordet selvisk har en negativ klang hos mange, men det er anvendt her som helt neutralt, for at beskrive, at kærligheden er rettet mod én selv.

Alt Som Er ønskede at opleve mere af denne kærlighed, så på en måde fødte disse to aspekter, dronningen og kongen, nogle "børn". For at opleve den ultimative kærlighed, skabte Alt Som Er aspekter af sig selv, prinser og prinsesser, med et forhæng der forhindrede dem i at kende Alt Som Er, hvor de kom fra, deres hjem, det første kongerige. Igen kan jeg nævne, at forhænget hindrer aspekterne i at kende den fulde sandhed om, hvad de er, nemlig Alt Som Er. Hvert af disse aspekter blev født med en unik mængde af alle kvaliteter fra deres oprindelige far/mor. I tillæg til den mulighed at kunne opleve den nye følelse, kærlighed, til et andet aspekt af sig selv, havde Alt Som Er nu den mulighed at opleve alle de andre kvaliteter af sig selv.

Efterhånden blev der oplevet rigtig meget og på et tidspunkt blev endnu en type kærlighed oplevet: Ubetinget kærlighed! Det er måske nyt for dig, at Alt Som Er's oprindelige kærlighed ikke var betingelsesløs kærlighed men "bare" kærlighed til selvet. For at finde Alt Som Er eller Alt Som Er's essens i dig selv, skal du finde kærligheden til dig selv.

Som du kan se ud af fortællingen, har Alt Som Er ændret sig og vil blive ved med at ændre sig, afhængig af andre oplevelser gjort af prinserne og prinsesserne der, ved hjælp af forhænget, har glemt at de også er Alt Som Er. Denne nye følelse, ubetinget kærlighed, er så vigtig, at alle prinser og prinsesser skal opleve den før de kan tage "tilbage" og møde den "nye" Alt Som Er's essens. Alt Som Er må sandelig "tænke" over, om der er flere nye former for kærlighed der mangler at blive skabt i kommende oplevelser!

Du har måske hørt, at Alt Som Er altid vil være den samme. Hvis dette var tilfældet, giver livet slet ingen mening. Det er der også nogen der mener; netop, at livet er "meningsløst". Det er netop oplevelserne og det vi skaber, der er meningenmed livet.

Hvis Alt Som Er eksisterer, er udvikling gennem skabelse og oplevelser uundgåelig! En evig udviklende og voksende bevidsthed.

Når du nu har fordøjet de to forrige historier og kombineret dem med de første informationer om bevidsthed, håber jeg, at du har kunnet danne dig et større billede af, hvad det er vi som menneskehed er i gang med. Jeg håber også, at du har fået udvidet dit begreb om dig selv.

Da jeg selv så dette billede, følte jeg mig både større, ved at have betydning, og samtidig ydmyg over den rolle jeg, som Alt Som Er's skabning, spiller. Det er mærkeligt at gå fra at tro, at jeg **kun** er menneske, til at vide, at jeg også er menneske. Underforstået, at jeg OGSÅ er Alt Som Er, og endda først og fremmest Alt Som Er.

Til fordybelse

- Hvordan vil du definere dit forhold til Alt Som Er?
- Hvordan vil du definere dine omgivelsers forhold til Alt Som Er?
- Er din definition påvirket af dine omgivelser, eller bygger den på dine egne erfaringer?
- Er du Alt Som Er!?

Din voksende forståelse af dig selv

Lad os sige, at du på et vist tidspunkt i dit liv, har en bestemt forståelse af hvad Alt Som Er er, og at du så "rejser ud" for at finde denne Alt Som Er et sted derude i din fremtid. Du laver måske et stort skilt der beskriver Alt som Er og holder der foran dig, så du altid kan se hvad du leder efter. Den følgende tekst forstås måske bedre, hvis du sammenholder det med den næste illustration.

Nu hvor du bevæger dig op ad din livslinje, kan du være temmelig sikker på, at du finder din Alt Som Er og du er måske endda glad for hvad du har fundet, men måske har skiltet, som du holder op foran dig, forhindret dig i at se et nyt og større billede af hvad Alt Som Er er, efterhånden som du selv får en større indsigt. Måske forandrer dit indre billede af Alt Som Er sig, efterhånden som du ændrer og udvikler dig.

Hvis du er i stand til at se nye punkter efterhånden som du udvikler dig i dit liv, er du måske i stand til at tage et nyt sigte mod et nyt punkt der ligger højere oppe end det du først sigtede efter. Du er simpelthen blevet bedre til at bedømme efterhånden som din visdom vokser. Lad os sige, at du fortsætter med at vokse og at det mål som du kalder Alt Som Er også hele tiden forandrer sig. Alt Som Er bliver mere og mere efterhånden som du bliver mere og mere.

Måske bliver Alt Som Er ved med at vokse og måske finder du ud af, at Alt Som Er ikke eksisterer. Ikke på en måde som du på nogen måder kan forstå. Dette med at Alt Som Er er uendelig betyder i virkeligheden, at Alt Som Er ikke har nogen ende, at Alt Som Er er en uendelig historie! Du finder måske ud af, at du OG Alt Som Er, bliver ved med at vokse i al evighed.

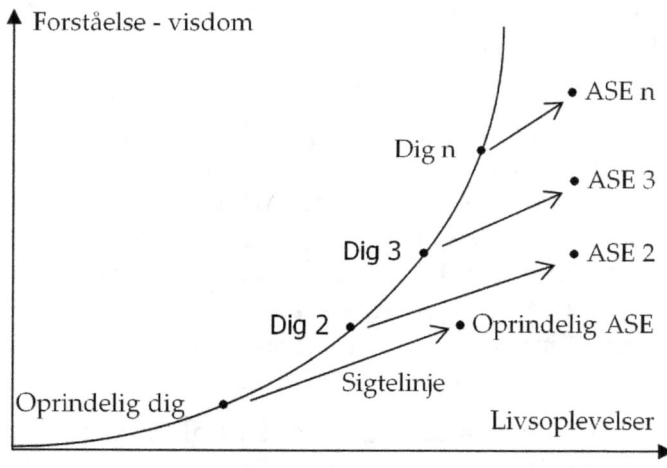

På den lille kurve herover, hvor Alt Som Er er forkortet til ASE, starter din udvikling ude til venstre og den følger den krumme linje. Det lille "n" øverst, skal bare fortælle, at tallene fortsætter. Jeg har ladet kurven blive mere og mere stejl for at vise dig, at din udvikling accelererer. Jo mere visdom du får des bedre bliver du i stand til at fatte en større og større del af, hvad Alt

44

Som Er er. Vær opmærksom på, at det er den menneskelige forståelse af Alt Som Er vi taler om. Husk også, at Alt Som Er erfarer gennem dig og vil derfor også vokse med den visdom som du erhverver dig gennem dine oplevelser.

Til fordybelse

• Kan du huske nogen tidspunkter hvor din opfattelse af begrebet Alt Som Er, har ændret sig?

Personligheden og observatøren

Jeg har indtil nu ikke talt om personligheden, men vi kan måske bedst betegne det som værende det hos et menneske der ikke er observatøren og heller ikke den fysiske krop. En del af personligheden er de forstyrrende tanker og følelser som vi, til at starte med, talte om. Jeg skal nok komme ind på hvordan personligheden skabes, men først må jeg besvare spørgsmålet: Hvad er grunden til, at observatøren trækker sig tilbage og lader personligheden få overtaget?

Observatøren har ikke behov for at vise sig frem, så det er den der råber højest der får ordet og det er personligheden! Jeg vil foreslå, at du ser personligheden på dette stadie som et lille barn, der lige har startet med at lære alt om sig selv og livet. Se på det, som en forælder ser på sit lille barn. Det er også observatørens kærlighed til den spæde personlighed og dennes ret til at vælge, der får observatøren til at holde lav profil. Det man også kalder den frie vilje. Netop ved at lade personligheden vælge, vil vi få flere oplevelser, da der vælges ud fra et begrænset overblik og ud fra de følelser og ønsker som personligheden har.

Til fordybelse

• Når du tænker på dit liv, er der så nogle hændelser som kan være startet af observatøren?

Hvordan personligheden opbygges

Der er et par ting som jeg er nødt til at nævne kort og som jeg vil uddybe senere. Som du ved, har vi, under normale omstændigheder, disse sanser: Syn, hørelse, smag, lugt og berøring. Nu vil jeg beskrive noget som de fleste mennesker ikke tænker på.

Du har sikkert oplevet at komme ind i et rum og pludselig få en følelse, som du ikke havde før du kom ind. Lad os forestille os, at rummet er tomt. Du kan måske ikke definere følelsen nærmere, men det kan være en form for ubehag. Pludselig føler du dig ubehagelig til mode. Hvad er det egentlig der sker her? Hvordan kan det, at du kommer ind i et rum, få dig til at føle noget som du ikke følte få sekunder før? Lige som du med synet kan se hvad der er i rummet og de andre sanser, høre og lugte, er du i stand til at føle de følelser som andre har haft i dette rum. Du har altså en ægte følesans der sanser følelser. Måske har du altid troet, at det var dine følelser, og har ikke engang overvejet om det var andres. Det er ikke en del af den vestlige kultur at føle følelser, men kun at have dem, derfor er vi ikke opmærksomme på muligheden. Det var en stor oplevelse for mig, da jeg pludselig, for første gang forstod, at det var det der skete for mig.

Det samme gælder for fysiske smerter og for tanker. Får jeg ondt et sted bliver jeg opmærksom på, om det nu også virkelig er et signal fra min krop, eller en andens smerte som jeg føler. Dukker der nogle tanker op, som jeg ikke umiddelbart kan forstå eller identificere mig med, får det mig også til at undersøge det nærmere. Det er derfor en reel mulighed for, at mange af dine følelser, smerter og tanker, ikke tilhører dig.

Kan du nu se, at meget af det vi oplever som vores eget egentlig er andre menneskers følelser, smerter og tanker? Det tager vi på os som vores egne. Næste gang du måske føler, at du er nødt til at tage et par piller mod hovedpine, kan du spørge ind til, om det rent faktisk er din hovedpine. Jeg plejer at fjerne disse hovedpiner ved at stryge med begge hænder over hovedet fra panden og om i nakken. Måske skal det gøres et par gange og med bevidstheden om at, "nu forsvinder smerten". Ved bevidst at give slip på tanker og følelser, der ikke er dine, kan de også forsvinde. Se dem ikke som noget forkert; de kom bare forbi og du sansede dem. Befal dem at forlade dig. Det er som duften af nybagt brød der smyger sig om din næse og fortsætter videre.

Lad os nu komme i gang med at tale om personligheden. Opbygningen af personligheden foregår allerede i morens mave. Fostret påvirkes af morens tanker, følelser og hendes krops kemi, både de signalstoffer der er i blodet og det hun indtager. Fostret kan på et tidspunkt også opfange lyde, herunder stemmer.

Forskerne fortæller, at kroppen producerer bestemte hormoner, neuropeptider*, der har med følelser at gøre. Til enhver følelse knytter der sig et bestemt peptid. Dette betyder, at når moderen for eksempel føler vrede, produceres der et bestemt peptid i hjernen der så sendes med blodet ud i hele kroppen. Dette vil jeg komme nærmere ind på senere.

Dette er noget af grunden til, at børn, foruden den genetiske arv også "arver" mange af forældrenes følelsesmønstre og meninger. De tager dem til sig som deres egne.

Efter den fysiske fødsel fortsætter aspektet af Alt Som Er, med at bygge lag på lag af ting som den samler op i illusionen ved hjælp af andres meninger, påstande og syn på aspektet, egne oplevelser og refleksioner. Derved skaber den sig en personlighed. Personen tror nu, at dette er hvad den er. For bedre at forstå hvad der sker, kan vi lade personen have både en fysisk krop, en tankekrop (mental) og en følekrop (emotionel). Det er nu disse tre der udgør personligheden.

Forestil dig, at det nyfødte barn kaldes bygmesteren og at bygmesteren starter på at bygge sit hus (personligheden med mere) af de materialer, som det finder omkring sig. Gennem livet kan materialerne skiftes ud, hvis bygmesteren ikke længere føler, at de hører til i huset. Det sker dog ikke for de fleste, da de ikke sætter spørgsmålstegn ved om det skal være der, heller ikke selv om de er utilfredse med det. Ligegyldigt hvor stort huset bliver, vil selve bygmesteren forblive den samme, godt nok med erfaringer og oplevelser med de indsamlede materialer. Her må jeg præcisere, at materialerne er "værktøjer" der giver oplevelser og til sidst visdommen som bliver til det der ændrede Alt Som Er fra i går til i dag. Samtidig kan man sige at Alt Som Er's essens eller kerne forbliver den samme, lige som bygmesteren forbliver den samme. Et eksempel på et værktøj kan være en oplevelse som du har i mødet med et andet menneske, der lærer dig noget om dig selv. Du kan for eksempel lære, at du er rigtig god til at føle ind til hvad denne person har brug for, ved at du intuitivt kommer med et forslag til personen, der så svarer, at det lige er det, som han eller hun står og skal bruge i sit liv. Værktøjet er her mødet.

Nu tænker du måske, at du mange gange har ønsket, at dit liv var anderledes, altså lige som at fjerne nogle af byggematerialerne i dit hus. Her må du tænke på, at du godt nok har ønsket ændringer, men ikke rigtig troet på, at du havde bygmesterens kraft til at ændre noget.

Nu kan du sikkert se, at det virkelig kan være et arbejde at komme gennem alle disse lag der er samlet op gennem ens liv. Jo før du vælger at definere hvem du vil være, des lettere er det. Når du først ved hvad du har "samlet op", kan du vælge til og fra og bygge dit "hus" som du i dette øjeblik ønsker, at det skal se ud. Lever du i nuet, skaber du dit hus fra sekund til sekund, og er derfor altid den du ønsker at være. Du er autentisk.

Det drejer sig med andre ord at tage ansvaret for sit eget liv. Der er alligevel ikke andre der kan skabe det, lige meget hvor meget vi giver Verden omkring os, skylden for de ting vi oplever i vores liv.

Personligheden bliver det redskab med hvilket aspektet eller observatøren agerer i verden. Personligheden får i vid udstrækning lov til at leve på egen hånd. Det er observatørens/aspektets ønske at det skal være følelsen af væren og længslen efter enhed med Alt Som Er, der presser personligheden til at søge indad i "sig selv" for at finde tilbage til observatøren og i sidste ende, Alt Som Er. Personligheden er en del af dig, så længe du er på Jorden. Det er igennem den du viser dig for Verden.

Når du begynder at søge "indad" for at finde dig selv vil observatøren komme dig i møde, og når observatøren begynder a "presse på" for at komme ud i Verden, kan du opleve en kamp om hvem der skal bestemme: Dig eller personligheden! Det er en naturlig del af processen, og jeg vil vende tilbage til dette senere.

Til fordybelse

- Kan du finde eksempler på, at du har brugt din følesans, enten bevidst eller ubevidst?

- Kan du også finde eksempler på, hvor nogen tanker har været fremmede for dig?

- Har du, på et tidspunkt, følt andres smerte, men troet at det var din egen?

Massebevidstheden

Som tidligere nævnt kan du sanse andres tanker, følelser og smerter. Forestil dig, at også folks meninger, moral og overbevisninger "svæver" omkring dig. Det kaldes massebevidstheden. Det er faktisk også den der kaldes "man": Man siger, man gør og så videre. Her er også alt det som "man" definerer som rigtigt og forkert, for eksempel hvad der er sundt og usundt at spise. Her kunne vi blive ved med at give eksempler i det uendelige.

Det er forståeligt, at det er svært at være "sig selv" i en sådan verden. Her gælder det virkelig om at føle IND til hvad der er "rigtigt" for én selv og ikke føle UDENFOR hvad andre mener, der er rigtigt. Massebevidstheden er den største barriere du har, for at du kan finde "dig selv". I begyndelsen er det besværligt hele tiden at skulle være opmærksom på at føle efter hvad der er dig selv, men efterhånden bliver det noget ganske naturligt. Du får efterhånden også en større erkendelse af, hvad der virkelig er dig.

Til fordybelse

- Prøv at finde eksempler på hvordan masse-bevidstheden påvirker dit liv.

- Hvordan påvirker massebevidstheden men-nesket generelt, deres liv, deres mål i livet og deres selvudvikling?

- Hvad tror du en massebevidsthed er?

- Hvor kommer den fra og hvorfor er den her?

- Er det vigtigt at have en massebevidsthed og eventuelt hvorfor?

- Kender du, eller har du hørt om nogen, der har valgt ikke at være påvirket af massebe-vidstheden?

At leve udenfor massebevidstheden

For ikke at blive tromlet ned af massebevidstheden, er du nødt til først at vide, hvad der er dig. Du lever i massebevidstheden som en personlighed og "over" denne personlighed er dit virkelige, udødelige jeg, det som vi også kalder observatøren. Personligheden er et nødvendigt redskab for at du kan agere med omverdenen og massebevidstheden; det er derfor du har taget fysisk form. Det er altså ikke noget der er "forkert" ved personligheden og massebevidstheden.

Du kan komme frem til at leve med massebevidstheden uden at leve i den. Jeg er nødt til igen at pointere, at massebevidstheden ikke er ude på at fange dig, det er blot den "suppe" som den fysiske verden fungerer i. Når du finder ud af, hvad der er dig, har du utrolige muligheder og overskud til at opleve og gøre det du virkelig føler for.

Jeg vil nu fortsætte med at tale lidt om hvordan massebevidstheden påvirker og styrer os.

Til fordybelse

- Prøv at finde måder at leve med massebevidstheden på ud fra de fundne eksempler i forrige kapitel.

Mad

Hvad er det så der er sundt eller usundt at spise? Dette spørgsmål kan faktisk ikke stilles, da det drejer sig om hvad DIN krop har behov for LIGE NU. Du skal altså ind og føle efter hvad din krop har brug for. Det er ikke hvad personligheden og det massebevidstheden har lyst til, men det DU føler, at du virkelig har lyst til. Du kan altså godt stadig vælge hvad du har lyst til, men valget skal bare komme fra en dybere indre lyst, nemlig kroppens behov. Dette kræver meget opmærksomhed i starten. Du kan naturligvis også vælge at indtage noget, bare for at få oplevelsen. Hvis Alt Som Er har lyst til at opleve endnu et stykke lagkage, så er det bare fint, men følelsen af skyld skal ikke forekomme!

Det har stor betydning hvilken tilgang du har til den mad du spiser. Hvis du får dårlig samvittighed og tænker, at du spiser usundt når du tager et stort stykke lagkage, så fodrer du bare din dårlige samvittighed, men hvis du bare nyder lagkagen uden fordømmelse, så er det blot endnu en oplevelse i den række af oplevelser som dit liv består af. Du har ikke syndet, for synd findes ikke hos Alt Som Er, kun hos mennesker. Ligesom Alt Som Er ikke dømmer. Hvorfor skulle Alt Som Er dømme sit eget ønske om at opleve og skabe?

Tænk også på hvor meget vi prøver at styre vores krop. Bare se på, hvordan vi prøver at styre kroppens næringsbehov ved hjælp af mere eller mindre faste spisetider. Vi fortæller vores krop hvornår den skal indtage næring og fylder så på den. Det er helt bagvendt! Det må da være kroppen der fortæller OS hvornår den har brug for næring! "Ja, men jeg bliver jo sulten lige før spisetid!" Naturligvis, du har jo selv programmeret kroppen til det. Og så er der også sultfølelsen fra massebevidstheden der påvirker dig

Jeg vil give dig et ekstremt eksempel fra mit eget liv. Jeg havde flere gange hørt om folk der levede uden at spise, men fik energi fra sollyset og ellers kun drak vand og måske frugtsaft. Da jeg hørte det fra en pålidelig kilde, besluttede jeg mig for at afprøve dette, ikke mindst i lyset af, at massebevidstheden siger, at vi behøver mad for at leve og de rigtige næringsstoffer for at bevare et godt immunforsvar for ikke at blive syge. Det var et vigtigt skridt for mig på vejen til at mindske massebevidsthedens påvirkning af mit liv.

Det gik godt i de første tre måneder, så på den måde havde jeg bevist over for mig selv, at det kunne lade sig gøre. Jeg gik lidt ned i vægt, men fik mere energi og overskud og også meget mere tid, da jeg ikke skulle hverken købe ind, lave mad eller spise og rydde op bagefter. Jeg var så heller ikke plaget af den træthed der kommer efter et måltid, hvilket gjorde, at jeg også her indirekte fik mere tid til andre gøremål.

Når jeg ser tilbage, kan jeg se hvorfor det lykkedes i de tre første måneder, og hvorfor det derefter blev sværere. Jeg startede hen på foråret hvor det var blevet varmere og kroppen ikke krævede så meget energi for at opretholde temperaturen og der blev flere og flere lyse timer. Dette slår også igennem på massebevidstheden. Jeg lavede ingen nedtrapning, men stoppede bare med at spise. Jeg har meget svært ved at drikke "bare" vand, så jeg fandt en god saft til at blande i og noget godt juice. Jeg begyndte at drikke en del mere end jeg plejede og fandt ud af, at det virkelig var godt for kroppen.

Jeg kunne naturligvis fortælle mere, men vil gøre historien kort, og bringe den hen mod det begyndende efterår hvor temperaturen igen falder og mængden af lys aftager. Jeg klarede mig stadig fint, når jeg var hjemme og alene, men det var som om jeg manglede energi og jordforbindelse (som også giver energi) når jeg var sammen med mange mennesker. Jeg gik på pædagogseminariet på det tidspunkt, og det var tydeligt at mærke forskel på, når jeg var midt i de mange energier der og når jeg var hjemme. Jeg tog lidt salat eller frugt med og senere måtte jeg spise aftensmad de dage hvor jeg havde været på seminariet.

Konklusionen må være, at jeg blev påvirket af massebevidstheden, og at jeg ikke formåede at holde mig helt udenfor den. Det viser også, at sollys er vital for at kunne holde kroppen funktionsdygtig. Jeg har naturligvis lært en del, blandt andet, at det ikke er nødvendigt for mig at spise ret meget og kun når jeg føler, at det er nødvendigt. Det afhænger også af energierne omkring mig. Jeg er også nødt til lige at nævne, at det var kedeligt ikke at spise, da oplevelsen af at spise er en stor del af vores liv og benyttes i mange sociale sammenhænge. I skrivende stund spiser jeg når jeg føler lyst til det og hvad jeg har lyst til, og spiser i sociale sammenhænge. Jeg er ikke generet af at gå mellem madvarerne i et varehus eller duften af mad.

Nu da du ved, at du kan føle andres følelser, skal du også være opmærksom på, om du nu også er sulten, eller om du føler en andens sult. Der er jo ingen grund til, at du spiser for andre, vel?!

Til fordybelse

- Hvordan er dit forhold til mad?

- Hvad nærer dig allermest i dit liv?

- Hvis din krop skulle bestemme, ville du så spise anderledes?

- Indtager du noget som du har et afhængig-hedsforhold til, og hvordan kunne du tænke dig det ser ud om for eksempel to år?

- Hvorfor tror du, at du indtager dette?

Penge

Lad os se på penge som energi. Lige som penge, er energi noget man kan bruge til mange ting. Hvis vi tænker på elektricitet og en lampe, så vil strømmen af elektroner flyde når du tænder lampen. Når lampen bruger energi vil den trække ny energi til sig; det kan ses som et vakuum. Der skabes et undertryk der suger nu energi til. Prøv at se på pengestrømmen på samme måde.

De fleste mennesker er utrolig fikseret på penge (se også kapitlet Karma, om knaphed og overflod) og ikke mindst talemåden "hvad der er sparet, er tjent". Det betyder, at når der skal købes noget, går man bogstavelig talt på jagt efter de "laveste priser". Kvaliteten vil sjældent komme i første række, også selv om man hører til de bedre bemidlede. Her taler jeg ikke om mærkevarer, men blot kvalitetsvarer. Hvor meget vil du gå på kompromis med kvaliteten for at betale en lav pris? Her drejer det sig om "at nøjes med". Ikke nøjes med at betale, men nøjes med at få. Og dybere set: Hvad vil du nøjes med i dit liv?

Hvorfor ikke se på hvad du fortjener i dit liv? Når du bruger penge og føler, at du fortjener hvad du køber (ikke trøst), vil der naturligt komme flere midler til dig. Det betyder ikke, at du bare skal bruge løs, her handler det også om visdom og indsigt.

Lad mig give et eksempel med benzin. Folk i Danmark er utrolig fokuserede på benzinpriser. Selv om du så sparede én Krone pr. liter, vil du kun "tjene" omkring fyrre Kroner på en tankfuld; og hvad kan du få for fyrre Kroner i dag? Sæt det dog lidt i perspektiv! Fornem et smil her, for det er ingen bebrejdelse, blot et "vågn op".

Er der ingen penge i dit liv? Er der kun lige nok til at du kan få det til at løbe rundt? Er pengestrømmen stoppet? Når du holder op med at bruge penge, stopper pengestrømmen til dig. Det gælder om at få gang i strømmen igen. Det er naturligvis svært at begynde at bruge nogle penge som man ikke har, men her handler det også om din tilgang til det at bruge penge.

Til fordybelse

- Tænk på hvordan du ser på pris/kvalitetsforholdet for en vare.

- Hvad er din forventning til, at der løbende bliver stillet resurser til din rådighed?

- Hvilket forhold til penge har dine forældre og dem du omgås, og ligner det dit eget forhold til penge?

Afhængighed

Afhængighed kan meget kort beskrives som noget vi gør og ikke er i stand til ikke at gøre. Vi er altså afhængige af dette, da vi ikke kan kontrollere det.

Når du læser det næste, vil jeg bede dig om at have massebevidsthedens indvirkning på dig, i baghovedet: "Er det virkelig mig der er afhængig, eller er det massebevidstheden der påvirker mig med den kolossale afhængighedsfølelse den indeholder?"

Når der tales om afhængighed, er det jeget der er afhængigt; men hvad er det egentlig jeget er afhængig af? Normalt tænker vi på forskellige stoffer, men det kan også være omstændigheder, handlinger og følelser der kontrollerer os. De kontrollerer os af den simple grund, at vi ikke kontrollerer dem.

Som jeg tidligere var inde på, producerer hjernen bestemte hormoner, neuropeptider*, der har med følelser at gøre. Disse sendes med blodet ud i hele kroppen og påvirker cellerne.

Forestil dig, at du ikke kun kan være afhængig af stoffer som du indtager, med også stoffer som du selv producerer. Her kan jeg nævne sex som en af de helt store. Hvis vi er afhængige af et af disse hormoner, betyder det indirekte, at vi er afhængige af de følelser, der starter produktionen af dette bestemte neuropeptid. Da tanker og følelser er nært forbundne, kan bestemte tanker indirekte føre til et kick eller rus som vi kan være afhængige af.

Også celler kan blive afhængige af bestemte stoffer. Det sker fordi de har modtagerpunkter, receptorer* der ikke modtager stimuli i form af signalstoffer eller næring. Cellerne sender så besked til hjernen om at producere de ønskede stoffer. Jeg vil komme nærmere ind på hvordan cellerne arbejder i det næste kapitel om kroppens nedbrydning.

Kan du se hvor dette fører hen? Ved at få styr på tanker og følelser, giver det ro i kroppens kemi, hvorved den kommer i balance. Det betyder modsat også, at tanker og følelser kan føre til ubalancer i kroppen der igen kan føre til fysisk sygdom. Jeg påstår, at langt den største del af al sygdom i kroppen skyldes ubalancer i personligheden, herunder følelser, tanker og de ting der hæfter sig på os fra andre. Kroppen viser blot fysisk, at der er noget galt. Vær opmærksom på, at når en ubalance kommer til udtryk i den fysiske krop, kan den have været der længe, men på et ikkefysisk plan. For eksempel det følelsesmæssige, det som jeg tidligere kaldte den emotionelle krop, eller kritiske tanker, altså den mentale krop.

For igen at komme i balance, må årsagen findes, og den findes ikke i det fysiske. Måske kan årsagen udledes af det fysiske, men det balancerende arbejde må foretages på andre planer. Man kan fint arbejde med balancering på flere planer samtidigt, men alene symptombehandling på kroppen, kan ikke fjerne årsagen. Det er ikke sikkert at symptomerne i kroppen forsvinder, selv om årsagen fjernes, derfor er det helt i orden at arbejde på det fysiske også, bare man er opmærksom på, at det ikke er her det reelle arbejde foretages. – Det er fint at sammenligne dette med cyklen der er punkteret af et søm. Årsagen er her sømmet, der i dette tilfælde er usynligt, men føleligt. Proceduren er: 1) føl dig frem til sømmet i dækket (årsagen til ubalancen), 2) fjern sømmet (balancér), 3) lap hullet i slangen (fysisk behandling) og 4) pump luft i slangen (få energien tilbage i dit liv).

Du behøver ikke at kende den nøjagtige årsag til et symptom, for at kunne helbrede dig selv. Det kan være, at den oprindelige årsag ligger langt tilbage i dit liv og at du derfor, under normale omstændigheder, ikke har mulighed for at finde frem til den. Det kan også være at der har været mange ens, gentagende årsager, hvor det vil være praktisk uoverkommeligt at arbejde sig gennem dem alle. Dette vender vi tilbage til. Se eventuel historien om kagedåsen sidst i kapitlet "Ryd op".

Til fordybelse

- Hvilke stoffer, hændelser, tanker, emotioner, følelser og så videre, mener du, at du har et afhængighedsforhold til?

- Hvad eller hvem har givet dig disse emner?

- Hvad vil du miste, hvis du slap af med afhængigheden?

- Hvilke af ovenstående fundne emner, kan du lettest frigøre dig fra?

- Hvilke emner kan du selv overvinde og hvilke mener du, at du behøver hjælp til?

- Hvem kan hjælpe dig i disse processer?

Nedbrydning af kroppen

Jeg har nævnt neuropeptiderne der produceres i hjernen og som bruges til at kode kroppens celler. Hvert peptid har sin egen kode og for at en celle kan få peptidets information, må den have en modtager der passer til peptidets kode; som en nøgle i en lås, hvor peptidet kommer som nøglen. Hvis den passer i cellens modtager, kan den aflevere sin information eller kemiske stof.

En celle har ikke uendelig mange modtagere på overfladen, men der kan være mange forskellige. Når cellen deler sig, hvor den gamle dør og den nye fortsætter arbejdet, bestemmes det hvor mange og hvilke typer modtagere der skal være på overfladen. Dette afhænger igen af, hvilke erfaringer den gamle celle har haft. Blev den bombarderet af mange jeg-er-ikke-god-nok-peptider, vil der være flere af disse og færre af andre.

Forestil dig nu, at denne følelse af ikke at være god nok fortsætter, så vil der være flere og flere modtagere på cellen for dette peptid og færre af andre. Cellen kommer mere og mere ud af balance og kan efterhånden ikke modtage andre vigtige informationer og måske heller ikke næringsstoffer. Selv om personen nu vælger at leve sundt, har cellen slet ikke mulighed for at modtage de stoffer der skulle gøre den til en sund celle. Det er så et spørgsmål om at få vendt denne tilstand før cellen mister alle sine andre modtagere. På længere sigt vil cellen finde ud af, at den ikke længere modtager noget på modtagerne og vil i de kommende generationer udskifte modtagerne med andre som den har brug for, men det er dog en langsommelig proces.

Ønsker du at holde din krop sund og rask, gælder det altså i første omgang om at du holder dig følelsesmæssigt sund og lytter til kroppens signaler. Kroppen vil fortælle dig om ubalancer og om hvad den mangler.

Dette skulle også give dig et praj om, hvorfor for eksempel slankekure som regel kun virker i et stykke tid. Det drejer sig nemlig primært om hvad man føler og ikke hvad man spiser. Nogen vil måske sige: "Men hvis man spiser meget fed mad og meget sukker, så sætter det sig som fedt." Kroppen vil under de rigtige omstændigheder skille sig af med de ting som den ikke kan bruge, altså også fedt, men ligger der følelser der giver anledning til, at man for eksempel vil beskytte sig mod omverdenen, skaber man sig et fedtpanser; det samme gælder hvis man føler, at man ikke kan få nok, altså at man skal gemme til "dårlige tider".

Føler du derimod at du har styr på den del af verden der har med dig at gøre, og at du altid vil få hvad du har brug for, så vil du ikke engang tænke på om du er for tyk eller ej. Dine følelser er i harmoni, og dermed er din krop det også.

I kapitlet "Ryd op", kommer jeg ind på hvordan du kan kommunikere med kroppens celler.

Til fordybelse

- Hvilke følelser har du som gør, at din krop belastes?

- Hvad skyldes disse følelser?

- Hvordan kan du bringe harmoni i dit liv?

Følelser eller emotioner

I Danmark bruger vi ikke så meget ordet emotioner, men lader det hele være følelser. Ydermere taler vi om følesansen, selv om det egentlig er sansning af berøring, tryk og temperatur vi taler om.

Hvis vi laver en liste over det vi kalder følelser, med det som et menneske vil kalde den bedste øverst og den dårligste nederst for eksempel glæde og frygt, vil de øverste kunne kaldes følelser mens de nederste kaldes emotioner.

Følelser løfter dig op mens emotioner trækker dig ned. Følelser er dybde, liv, skabelse og aktion, emotioner er reaktion. Følelser kommer "indefra" mens emotioner opstår på grund af noget udefrakommende. Følelser vejleder dig mens emotioner kontrollerer dig. For at gøre det endnu mere komplekst, kan vi sige, at virkelige følelser er bevidsthedens "tanker" eller "tankesprog", hvorimod emotioner er følelsesmæssige reaktioner, der virker som forstyrrende støj på bevidsthedens tanker.

I "virkeligheden" er der kun én følelse, grundfølelsen kærlighed eller fred, der egentlig "bare" er Alt Som Er's følelse af ren væren, der igen er den totale accept af alt. Denne totale accept er igen bevidstheden om, at alt er som det skal være; at alt er perfekt.

Vi skal naturligvis holde fast i, at følelser ikke er gode eller dårlige, men i den menneskelige verden er alt netop gjort op i godt og dårligt. Dette er primært gjort for, at mennesket skal lære at vælge. Kun ved at foretage bevidste valg, er det dig der bestemmer dit liv, ellers er det mere de ydre omstændigheder og dine ubevidste reaktioner der former livet for dig. Når man har lært at foretage bevidste valg, skal man lære at se dybere og opdage, at et umiddelbart dårligt valg, kan være det valg der i sidste ende giver det "bedste" udbytte. Dette er øvelsen omkring indføling. Altså at føle ind til hvad man skal vælge i stedet for, mentalt, at tænke og vurdere hvad der er bedst.

Til fordybelse

- Du kan lave en liste med henholdsvis emotioner og følelser som du kender.

- Prøv derefter at give dem karakterer efter hvor stor indflydelse de har på dit liv.

Fra tankeverden til føleverden

I kapitlet, "Hvordan personligheden opbygges", lod jeg personen bestå af en fysisk krop og en personlighed. Personligheden delte jeg igen op i en tankekrop (mental) og en følekrop (emotionel).

Tanker består af ord. Sproget består af ord. Sproget er begrænsende både i udtryk og hastighed. Der er grænser for, hvad der kan udtrykkes med ord og selv om tanken er hurtig, er der alligevel grænser for, hvor hurtigt vi kan tænke. Det tager tid at tænke. Vi har udtrykket "ikke at kunne sætte ord på følelserne". Det viser både, at følelser kommer før tanker, selv om tanker kan føre til følelser, og at der findes flere følelser end ord kan beskrive.

Ved at gå fra tankesprog til følesprog som indre dialog, kan vi fremkomme med løsninger meget hurtigere og mere præcist. Her er naturligvis ikke tale om, at vi er i følelsernes vold, hvilket svarer til det vi tidligere betegnede som emotioner, men netop en føleproces i stedet for en tankeproces.

Vi kan sige, at følelser har et bredere spektrum end tanker og de er hurtigere. Følelser er bevidsthedens redskaber; bevidsthedens udtryk.

Her kan jeg lige tilføje, at det vi kender som telepati, der er kommunikation via tankeoverførsel, vil være mere effektiv hvis vi kommunikerer med følelser. Her tager det ikke "tid" at overføre "beskeder" og kommunikationen gøres meget mere nuanceret. Jeg siger ikke, at det er forkert at tænke, men blot at der findes noget der er mere effektivt både med hensyn til hastighed og dybde. – Se også sidst i kapitlet, Bevidsthed, om at tanke ikke er det samme som bevidsthed.

Til fordybelse

- Kan du finde eksempler fra dit liv, hvor du har bemærket, at din intuition kom forud for den løsning som du havde sat din hjerne til at finde frem til?

- Kom hjernen med en brugbar løsning?

- Kan du drage nogen konklusioner ud af dine erfaringer?

Hjernen

Når tankerne ikke længere kan holde trit med den accelererende måde som vi lever på, er det nødvendigt at følesansen overtager arbejdet. Vi kan simpelthen ikke tænke hurtigt nok for at fremkomme med de løsninger vi søger, og tage de beslutninger som vi og livet forventer. Lad i stedet "hjertet" føle hvad der er det bedste valg for dig, ud af de uendelig mange muligheder der er til din rådighed. Der er ikke gode og dårlige valg, der er kun valg. For at dette kan ske for alle, må mennesket så at sige gå fra forstanden.

Lad hjernen og tankerne tage sig af det som de er beregnede til: at tage sig af dit fysiske sansesystem, de basale kropsfunktioner, lagring af informationer, automatiserede opgaver og vedligeholdelse. Spørgsmålet er, om vi kan give slip og vise kroppen så meget tillid, at den igen kan operere som det er tiltænkt den. Personligheden skal ikke længere spille den alvidende, men have mod til at lade kroppen fungere efter de forskrifter der blev givet til den, da den blev skabt.

Samtidig med, at arbejdsbyrden på hjernen reduceres kraftigt, åbner der sig mulighed for, at sjælsaspektet eller observatøren kan kommunikere "bredere" og mere støjfrit med vores (nerve)system.

Vi har, fra forskellig side, fået at vide at sjælen eller observatøren kobler sig til kroppen via hjernen. Da vores virkelighed skabes i hjernen, er det praktisk at bevidstheden har direkte kontakt til de områder i hjernen der beskæftiger sig med vores opfattelse af virkeligheden. At bevidstheden er koblet til hjernen er dog ikke hele sandheden. Hver celle i kroppen indeholder en DNA-kode* der er opskriften på hele mennesket. Det er i dette netværk, at kommunikationen mellem bevidstheden og kroppen foregår. Forskerne har med kvantefysikken også fundet ud af, at det rum der er i hvert atom mellem kernen og elektronbanerne ikke er tomt, men netop består af "bevidsthed". Det er dog ikke den guddommelige bevidsthed, eller Alt Som Er, de har fundet, men muligheder og forstadier til muligheder der kan skabes af bevidstheden. Kroppen "svømmer" med andre ord i disse muligheder og det fysiske vi oplever, er kun en uendelig lille del af hver af os. Ydermere består den luft vi indånder jo også af molekyler der igen består af atomer; det er derfor ikke kun vores "indre", men også vores ydre der svømmer i dette mulighedernes hav.

Til fordybelse
- Hvilke meninger har følgende begreber for dig: Bevidsthed, sind, hjerne, tanker, per-

sonlighed, hukommelse?

Fra følesansning til vished

Vi har talt om at benytte følesansen i stedet for tanken til at mærke efter, hvilke valg vi ønsker at foretage. Du kan bringe dette at føle sig frem, et skridt videre. Nemlig ved at bruge din samlede bevidsthed til at få vished om hvad du med fordel kan vælge eller hvad det bedste svar vil være. Jeg må endnu engang nævne, at der ikke er noget der er rigtigt eller forkert, men da du, observatøren, har nogle ønsker omkring livet, er det her, at visheden kommer ind og fortæller hvilke valg og sandheder der er ønskelige at følge. Her er der ikke tale om en vag fornemmelse. Du VED simpelthen hvad du skal følge. Forestil dig en blind person der må føle sig vej gennem et møbleret og ukendt rum, og så pludselig står med muligheden for at vide hvor alle møblerne i rummet står og derved danne et indre billede af rummet. Den blinde har ikke fået det fysiske syn igen, men en dyb forståelse af hvordan livet ser ud. Og synet kan som sagt bedrage.

Vi har altså bevæget os fra at være kontrolleret af emotioner, over at bruge intellektet, altså tanken, til at udtænke løsninger, videre til at føle os frem for til sidst at ende ved visheden om, at dette er VALGET.

Til fordybelse

- Prøv at finde oplevelser i dit liv, hvor du, uden skyggen af tvivl, har vidst hvordan du skulle handle eller hvad der ville ske.

- Kan du drage nogen konklusioner ud af dine erfaringer?

Hankøn og hunkøn

Mænd og kvinder, hankøn og hunkøn. I begyndelsen af bogen taler jeg om kroppen uden at komme ind på køn. Som udgangspunkt findes der to køn, hankøn og hunkøn. Dette gælder for størstedelen af alt liv på Jorden. Måske et signal til mennesket om, at det ikke kan overleve alene og at vi på en måde hører sammen; at vi er forskellige og dog ens.

Vi bliver født enten som pige eller som dreng og identificerer os med, at vi har et bestemt køn. Ud fra det jeg talte om tidligere, så har vi en krop, men er ikke kroppen. Derfor kan vi sige, at vi har et køn, men at vi ikke er et køn. For mit vedkommende, har jeg en mandekrop, men mit virkelige jeg, lad os bare holde os til at kalde dette jeg for observatøren, er ikke hverken en mand eller en kvinde. Som vi tidligere kom frem til, er observatøren ren bevidsthed og bevidsthed kan ikke have et bestemt køn. De prinsesser og prinser, som jeg tidligere har nævnt i en metafor, er kun brugt for at gøre historien mere jordnær. De sjæle, som prinsesserne og prinserne repræsenterer, har ikke et køn. Du vil, eller har, måske mødt nogen der taler om at balancere det feminine og det maskuline. Disse to aspekter dominerer meget af det der sker på Jorden. Vi kan være mere eller mindre domineret af disse aspekter og dette forstærkes som regel gennem vores forestilling om, at vi enten er en kvinde eller en mand. Her undertrykker mange det modsatte aspekt for ikke at risikere at blive taget for noget som de ikke er. Nogen har erkendt, at dette giver en ubalance og arbejder derfor på at bringe dette i balance. Det maskuline og det feminine er en del af dualiteten*, den dobbelthed der eksisterer i alt hvad der foregår på vores planet. Dit virkelige jeg, eksisterer "over" denne dualitet. Du er hverken maskulin eller feminin og ikke et balanceret, dobbeltkønnet væsen, men derimod et ukønnet væsen. At bruge begrebet væsen, er en tilsnigelse, da du jo er ren bevidsthed. Det er svært at forestille sig, at man er noget så fysisk udefinerbart som bevidsthed og ikke en fysisk ting.

Balance

Jeg vil nu tale lidt om balance og sammensmeltning af energier. Jeg vil gennem nogle eksempler bringe dig tættere på sandheden om balance. Når vi tænker på, at noget er i balance forestiller vi os normalt, at vi befinder os i midten og ikke ude ved en af siderne og at der er lige meget af forskellige ting.

Der tales meget om det at balancere den feminine og den maskuline energi som nævnt ovenfor. Forestil dig her, at du har to ens flasker hvori vi har vores energier, én til feminin energi og én til maskulin energi. Hvis de to flasker indeholder lige meget kan vi sige, at vi er i balance. I virkeligheden er energierne jo ikke i flasker, men de er heller ikke adskilte, så du for eksempel har feminin energi til den ene side og maskulin til den anden. Det er ikke korrekt at vise det således. Forestil dig at du har to bøtter maling, en rød og en blå og blander denne maling i en større bøtte. Når du rører rundt ligner det i starten en spiral af rødt og blåt. Når du rører længe nok, får du en violet maling. De enkelte røde partikler i malingen er nu adskilte fra hinanden af de blå, og alle partiklerne er ligeledes fordelt jævnt i blandingen. Hvis du forestiller dig, at du blander to energier, vil de blande sig som malingen, blot med den forskel, at al den røde energi stadig hænger sammen og det samme gælder den blå. Energierne er stadig blandede, så det ser ud som en violet energi, men de beholder deres oprindelige tilhørsforhold som to nøgler garn der rulles ud og filtres sammen.

Fra balance til harmoni

Vi lever i en verden af modsætninger, i en verden af dualiteter, hvor vi tror, at alting må have sin modpart. Godt og dårligt, lys og mørke. Der må altid være en balance for at tingene er optimale, siger du måske. Hvis vi i stedet for taler om harmoni, vil vi få et meget bedre udtryk for altings naturlige tilstand. Harmoni har ikke behov for modsatrettede kræfter, harmoni er i balance med sig selv. Balance i enhed og ikke i dualitet.

Tænk på hvor meget lettere livet vil være når du ikke hele tiden skal holde balancen på livets smalle vej, men bare kan svæve i den retning som du vælger.

Til fordybelse

• Hvilke ting ville du gøre, hvis du ikke var bundet af at skulle optræde som et bestemt køn?

• Prøv at finde eksempler på, hvad du må arbejde på for at finde balance i dit liv.

• Hvordan vil dit liv se ud når det er i harmoni?

Ryd op

Nu hvor vi har talt en del om hvordan vi er blevet som vi er og hvorfor Verden er som den er, er det lettere at komme i gang med at rydde op og gøre rent og finde ud af, hvad det egentlig er vi ønsker i vores liv.

I kapitlet, Afhængighed, påstår jeg, at langt størstedelen af al sygdom i kroppen skyldes ubalancer, disharmonier, i personligheden, herunder emotioner, tanker og de ting der hæfter sig på os fra andre. Kroppen viser fysisk, at der er noget galt. Vær opmærksom på, at når en disharmoni kommer til udtryk i den fysiske krop, kan den have været der længe, men på et ikkefysisk niveau, som jeg har nævnt tidligere.

Du vil måske sige, at en brækket arm er en ren fysisk skade, eller ubalance for at blive i dette sprog. Du har uden tvivl været i situationer hvor du let KUNNE have brækket en arm, men hvor det ikke skete. Grunden til, at du denne gang brækker armen, kan skyldes, at du ikke er så opmærksom fordi du tænker på et problem eller der er noget der bekymrer dig. Altså en ubalance i for eksempel dine emotioner. Du kan også få en aha-oplevelse på grund af den brækkede arm, der nu er i gips, en åbenbaring, der siger dig, at du skal til at tage skeen i den anden hånd, altså ændre dit liv, når du sidder ved bordet og skal spise suppen med din brækkede arm. Måske er det en måde at få dig til at tage den med ro og få et bedre overblik over, hvad der sker i dit liv. Eller du får måske lejlighed til at møde en person der kan hjælpe dig med at foretage ændringer i dit liv. Så hvorfor ikke sige: "Hurra, jeg har en brækket arm! Hvilke muligheder har jeg dermed givet mig selv for at udvikle mig?" Det er ikke noget udefrakommende der får dig til at brække armen, men den måde du vælger at reagerer på det, og det er heller ikke Alt Som Er's straf!

Det er vigtigt, altid at spørge ind til, hvorfor man er i en given situation. Måske er hele situationen lagt an på, at du netop skal lære noget af den. Det kan også være, at netop din måde at løse et problem på, skal tjene som et forbillede for en anden. Du har så ikke et problem, du er blot blevet givet en mulighed for, med dette redskab, helt bogstaveligt at vise hvordan det kan løses. På den måde får personen et løsningsforslag ind "med ske".

Kommunikation med kroppens celler

I kapitlet "Afhængighed", talte vi om hvordan kroppens celler kan miste evnen til at modtage ting, næring og information udefra. Jeg vil gerne fortælle dig lidt mere om cellerne.

Jeg vil bede dig om at se kroppen som en samling af celler der arbejder og kommunikerer indbyrdes, og ikke som én ting, der er bygget op af knogler, kød og organer. Et organ er en samling celler der har samme opgave, eller som leveren der har 500-600 opgaver. Det er ikke organet der gør arbejdet; det er cellerne.

Forskerne fortæller os, at hver eneste celle i kroppen indeholder koden til hvordan hele kroppen er opbygget. De taler om DNA-strengen. Forestil dig nu, at hver celle har en cellebevidsthed der arbejder sammen i en fælles kropsbevidsthed og at denne bevidsthed har kendskab til koden i DNA-strengen. Det betyder, at hver celle og dens funktion og status er kendt. Vi kan sige, at hver celle er intelligent og at alle cellerne arbejder sammen i en højere intelligens. Det lyder vel egentlig meget logisk. Cellerne kan jo ikke bare arbejde for sig selv, men må nødvendigvis indgå i et samspil og være opmærksomme på, at dette samspil hele tiden kan ændre sig.

Dette betyder også, at det er cellerne, eller egentlig kropsbevidstheden, der bedst ved hvordan kroppen fungerer. Alverdens forskere har ikke tilnærmelsesvis dette kendskab gennem deres intellekt. Derfor må det også virke underligt på cellerne, at du, via forskere og andre kloge mennesker, prøver at fortælle kroppen hvordan den skal arbejde og hvad den har brug for. Men da du er chefen, trækker cellerne på "skuldrene" og siger: "OK, du er chefen, hvis du vil lege på den måde og have disse oplevelser, så er det fint med os".

I realiteten bør det være omvendt. Det bør være dig der skal lytte til kroppen når den fortæller dig, hvad den har brug for!

Selv når kroppen fortæller dig, at den skal bruge nogle bestemte byggesten, må du hele tiden være opmærksom på, om den til stadighed har dette behov. Hvorfor tage for eksempel vitaminpiller hele året, hvis det kun er nødvendigt for cellerne at få dette tilskud i en måned om året og måske endda i varierende doser inden for dette tidsrum?

Når vi vil skabe balance eller egentlig harmoni i vores krop, er det mest nærliggende at kommunikere dette ønske til cellerne. Det er trods alt dem, der skal udføre det balancerende arbejde. Der vil altid være helt raske celler i din krop. Bed disse celler om at udsende informationen om, hvordan de er bygget op og bed samtidig de ubalancerede celler om at anvende denne information i deres eget vedligeholdelsesarbejde. Gør det ikke til en kompliceret proces med ritualer, udfør blot denne korte kommunikation med en underliggende bevidsthed om, at cellerne ved hvad der skal gøres. Velsign derefter cellerne. Det hele tager under et minut. Hvis du føler, at du skal tage til lægen, må du naturligvis gøre dette. Dette kan netop være løsningen, men du må ikke afgive ansvaret for din krop til lægen, dette ansvar har du påtaget dig, da du besluttede dig for at få kroppen.

Stenene i kagedåsen

Jeg vil slutte dette kapitel af med noget som mit "højere" selv bragte frem før en meditationsaften hos nogle bekendte. Læg mærke til, at jeg omtaler mig selv i flertal. Det kræver egentlig en længere forklaring, men kort sagt går det ud på, at vi alle er forbundet og nogle bevidstheder går sammen om at formidle nogle budskaber:

"Nu siger vi noget, som du måske ikke kan lide at høre. Hvis du vil se hvem du virkelig er i dette nu, vil du være nødt til at fjerne alle de skygger fra fortiden og det der binder dig til den. Ja, vi ved, at du siger, at det er fortiden der har gjort dig til den du er, men tænk på alle de tråde der binder dig til de ting som du troede du var, men som du i virkeligheden har samlet op fra andre. Bare tænk på de gange hvor du har kunnet se én af dine forældre i det du selv handlede på eller en bestemt vending som du brugte. Giv slip på alt dette og find ind til kernen, essensen og visdommen."

"Lad os male et lille billede der måske kan gøre det lettere for dig at forstå hvad vi mener. Forestil dig, at du er et barn. Af og til samler du sten op, nogle gange på grund af deres farve, andre gange på grund af deres form eller overflade. Du lægger stenene i din lomme og når du kommer hjem, lægger du dem i en kagedåse til alle de andre sten som du har samlet op på tidligere udflugter i dit unge liv. Så en dag hvor du er blevet ældre, finder du kagedåsen frem. Den har ikke været åbnet længe og den er gammel, rusten og svær at få op. Da du endelig får låget op, ser du på alle stenene der ligger dernede. Du tager dem op en efter en og ser og føler på dem igen. Nogle af stenene kan du genkende, nogle får dig til at huske begivenheder, men de fleste sten kan du ikke længere forstå, hvorfor du i sin tid fandt dem så specielle, at du samlede dem op."

"Du har nu to bunker sten på bordet. Den ene bunke, den største, indeholder de sten som du umiddelbart vil smide ud, mens den lille indeholder de sten som bringer minder frem. Du sidder et stykke tid og tænker på hvorfor du skulle beholde stenene i den lille bunke. Du får sikkert ikke engang set på dem igen. Du beslutter dig til at gemme alle minderne i dit hjerte og slippe alle bindinger til historierne da de ikke i sig selv, er minderne."

"Så lige nu, vil være et godt tidspunkt for dig til at give slip på alle dine imaginære sten. Du behøver ikke at kigge i din kagedåse og tage hver eneste sten op for at finde ud af hvilke du ønsker at beholde. Du kan blot sige til dig selv, at du giver slip på alle bindingerne og kun beholder visdommen i dit hjerte. Og vær ikke bange for, at dit hjerte vil være for lille til at indeholde dem alle; det vil simpelthen vokse sig større, så de alle kan være der."

Til fordybelse

- Kan du finde visdommen og læringen i nogle af de hændelser i dit liv som du vil definere som dårlige eller ubehagelige?

- Har du modet til at kappe alle de bånd der forhindrer dig i at leve det liv du ønsker?

Karma

Du har måske hørt om begrebet karma, og alt efter hvem du spørger, får du forskellige svar på, hvad det betyder. Den Vestlige verdens forståelse af karma, er meget kort fortalt den, at det du gør mod andre skal du selv opleve; det er også det man kalder årsag og virkning. Det sker, for at du kan få den fulde forståelse af hvad en begivenhed indeholder. Jeg vil her fortælle dig hvad mit "højere" selv formidlede til mig vedrørende karma med underoverskriften "Knaphed, lidelse, overflod og glæde":

"De fleste mennesker i Verden er i denne tid ikke villige til at acceptere den kendsgerning, at den trædemølle de kalder deres liv er slidt op og hjulene som deres liv kører på, ikke længere drejer så jævnt og glat, men faktisk trænger rigtig meget til noget olie. De knirker og knager og lyden er irriterende for alle i og omkring hans eller hendes liv. Støjen burde vække dem så de kan få et overblik over deres liv og overveje muligheden for at skifte hele køretøjet ud. Ikke at de skal skifte kroppen ud, men ændre radikalt på den måde de lever på."

"Den mest indlysende ting at gøre, er at overveje en hel ny måde at tænke på. Der må nødvendigvis være en meget anderledes måde at forbinde sig til sit virkelige selv, altså sjælen. Med det mener vi, at den bedste måde at gøre dette på, er ved at forbinde sig til sit højere selv, i en grad så de er i stand til at høre deres egen guddommelige stemme fortælle dem hvad deres mål og formål i livet handler om."

"Første trin er at slippe af med gamle overbevisninger omkring knaphed og lidelse og i stedet møde et liv med overflod og glæde."

Knaphed: "I tror, at der ikke er nok til alle. I tror, at I må skrabe så meget sammen som muligt til jer selv, bare for at være sikker på at kunne overleve. Dette med hele tiden at skal have mere, fører til den overbevisning, at I ikke har nok og dermed starter en ond cirkel. – Men hvorfor skulle nogen Skaber, Gud eller andet, skabe omgivelser til sine børn, hvor der ikke er nok fornødenheder til, at de kan komme gennem livet med størst mulig udkomme?"

Lidelse: "Idéen om at skulle lide som en straf fra en hævngerrig gud, kan kun være et menneskeligt koncept. Hvordan kan så lille en skabning, som det mennesket ser sig selv som, være i stand til at fornærme en så mægtig skaber? Det er på en måde forståeligt, at mennesker giver deres gud menneskelige egenskaber; i øvrigt en gud som de selv har skabt i deres tanker. Ikke dermed sagt, at der ikke er nogen gud, men for at sige, at det I kalder Gud, er udefinerbart i menneskelige ord, og ufatteligt meget mere end de forestillinger I kan få, men på den anden side også meget enkel. Så hvorfor skulle nogen skaber, Gud eller andet, skabe så dårlige betingelser for dets børn at de skal lide?"

"I har ikke **skabt** lidelse for at lide, men **valgt** det for at opleve modsætningen af lykke; for at få det fulde udbytte af oplevelsen, men det giver jo ingen mening, at I skal blive hængende i lidelsen, vel!? Tag dog et nyt valg!"

Overflod: "Vi har en anderledes definition på overflod, end de fleste mennesker. Overflod er simpelthen det, at I hele tiden har det som I har brug for. Ikke alt det som I kunne tænke jer, men det som I har brug for, for at gennemføre det I har sat jer for. Så hvis I VED, at I altid vil få det som I har behov for, på et hvilket som helst tidspunkt, vil gøre, at I vil være meget mere afslappede. Husk også på, at der måske netop IKKE er en parkeringsplads når du skal bruge en, fordi du skal parkere et andet sted af en grund som du måske først ser senere; det er måske her du møder en person der kan spille en vigtig rolle i dit liv. Der er altid en grund til at tingene sker."

Glæde: "Glæde i livet kommer ganske enkelt til jer, når I forventer at have glæde i livet. Ikke forventer at **få** glæde i livet, men **have** glæde i livet. – Som sagt, så er der altid en grund til at tingene sker. Så hvis I er opmærksomme på de små ting der kan føre til glæde i jeres liv, og følger dem, ja, så vil I helt naturligt få mere glæde."

Mellem linjerne i det foregående står der faktisk, at du bevidst kan vælge hvad du vil have i dit liv; deri ligger også, at du kan fravælge ting i dit liv. Herunder vælger du også hvordan du ser på din verden. I det guddommelige perspektiv kan du ikke blive straffet gennem karma for noget du gør i dit liv, lige såvel som du ikke bliver belønnet for "lang og tro tjeneste". Dine handlinger kan naturligvis "ses" i dine "farver" på sjælsplan, men der er ingen fordømmelse, blot accept.

Og til sidst: Glem alt om Skæbnen. Begrebet eksisterer ikke, det er blot en måde at fralægge sig ansvaret for sit eget liv, og det er netop af største nødvendighed for din udvikling, at du tager ansvaret for dit liv, så bliver det bygget op af mange flere bevidste valg og du føler derved, at du har overblik over hvad der sker.

Til fordybelse

- Hvad betyder det for dig at have modet og viljen til at tage ansvaret for dit eget liv?

- Hvad betyder det for dig at have ansvaret for dit liv – helt præcist?

Katalysatoren

Jeg vil kort præsentere dig for begrebet kataly-
sator. En katalysator kan være et stof der får to
andre stoffer, til at reagere hurtigere med hin-
anden end de ellers ville gøre, uden at kataly-
satoren selv indgår i reaktionen. Forestil dig
nu, at du kan have funktionen som katalysator
i andre menneskers liv. Efterhånden som du får
større bevidsthed om hvem du selv er og hvad
der sker omkring dig, kan du bruge din viden
til at hjælpe dine medmennesker til selv af få en
større forståelse af deres liv.

Når du følelsesmæssigt kan stille dig udenfor
og se på hvad der foregår omkring dig, uden at
det "hænger fast" på dig, gør det dig i stand til
at få en meget større forståelse af situationerne.
Denne forståelse kan du bruge til at klarlægge,
om situationen har noget med dig at gøre eller
om du bare er kommet ind i disse begivenheder.
Samtidig kan du bruge din viden til at hjælpe i
en given situation. Husk blot, at dine medmen-
nesker ikke har denne forståelse og du derfor
må tage dette i betragtning hvis du "blander"
dig. Har det ikke noget med dig at gøre, kan du
enten bare give accept til det der sker, eller være
den katalysator, der med minimal indvirkning
kan ændre situationen. Somme tider er det
bedst ikke at blande sig, fordi parterne nødven-
digvis selv skal finde en løsning. Hvis de ikke

selv løser konflikten får de ikke den aha-ople-velse som er nødvendig for deres fortsatte læring. Husk dette!

Husk også, at en katalysator ikke "blander" sig i andres liv, for at fortælle dem, hvordan de skal leve! – Katalysatoren videregiver sin "lære" gennem eksemplet og giver folk indsigt, hvis de spørger om råd.

Til fordybelse

- Kan du finde eksempler på, at du selv har optrådt som katalysator?

- Har du eksempler på, at andre har været katalysatorer for dig?

- Føler du, at du kan være katalysator for dine medmennesker og hvorfor?

Del 2: Illusioner

Dimensioner

Vi mennesker har svært ved at forestille os en verden der ikke har tre dimensioner. Hvordan kan et "rum" have fire dimensioner? Eller hvordan vil det være at leve i en verden med kun to dimensioner, hvor der ikke er nogen højde? Hvis man ikke har nogen højde, hvordan kan man så se hinanden? En celle uden højde, kan vel ikke eksistere? Ligegyldigt hvad du tænker på i disse tilfælde, har du kun dine tre dimensioner at sammenligne med, og da det netop er dimensionerne du ligger til grund for dine vurderinger, er din 3D hjerne ikke i stand til at fremkomme med noget brugbart. Du bliver nødt til at omskrive dette til en 3D model, som dit intellekt kan forholde sig til.

Egentlig kan man ikke tale om dimensioner som rum. Dimensioner er mere en måde at opfatte en tilstand på. Ikke tilstand som noget statisk, da der hele tiden er bevægelser. Ved at acceptere, at der er noget som dit intellekt ikke kan forstå, er du nået langt i at kunne få adgang til andre dimensioner. Du har nemlig derved fjernet den største barriere for at nå "ud" over den fysiske dimension.

Følgende billede kan måske give dig en fornemmelse af hvordan dimensioner kan opfattes:

Forestil dig, at hver dimension er et orkester med sine egne instrumenter og egne musikere, men at grundtonerne kommer fra Alt Som Er. Dette betyder, at hvert orkester spiller sin egen unikke musik, men på grund af de guddommelige grundtoner, vil Alt Som Er, høre de samlede orkestre som et kæmpe symfoniorkester hvor hver enkel tone fra hvert instrument, spillet af hver enkel musiker, indgår som en helhed i oplevelsen. Dette giver samtidig et smukt billede af, hvordan hver af os, som de musikere vi er i vores liv, spiller hver vores toner i Alt Som Er's store orkester.

Du har måske lagt mærke til, at hvis du har et glas vand med et sugerør i og du kigger gennem glasset fra siden, ser det ud til, at det stykke af sugerøret der er over vandet slet ikke hænger sammen med stykket under vandet. Hvis du kigger ned ovenfra, kan du måske se, at sugerøret "knækker" i vandoverfladen. Det er lettere at se, hvis vandet er dybere, for eksempel hvis du står med en pind i en sø. Skal du fange fisk med et spyd, skal du også først finde ud af hvor meget "forkert" du skal sigte for at ramme fisken. Det afhænger også af dybden.

Dette her er kun et eksempel som jeg bruger for at vise dig, at hver gang vi er i ét medie, her luft, og ser på noget i et andet medie, her vand, vil der være en forskydning. Hvis du skal "se" fra én dimension til en anden, hvilket også kan betragtes som to medier med forskellige tætheder som vand og luft, skal du bruge din bevidsthed. Her er du nødt til at finde ud af hvilken dimension du vil "se" på, og hvor meget du skal sigte "forkert". Og igen, dimensioner skal ikke opfattes som rum.

Da vi mennesker normalt bruger vores fysiske sanser og vores intellekt til at udforske alt i vores verden, er det virkelig en udfordring at skulle til at benytte bevidstheden i stedet for. Det kan være, at du skal arbejde meget, før du intuitivt korrigerer for denne forskydning. Du kan sammenligne det med, at du skal øve dig i at kaste en bold gennem et rundt hul i et plankeværk. Først når du intuitivt ved hvor hårdt du skal kaste og i hvilken vinkel, begynder det at blive let.

Til fordybelse

- Har du haft nogen oplevelser hvor du har haft nogle fornemmelser for noget, men som du ikke har kunnet forklare dig selv med dit intellekt?

- Hvad kan det fortælle dig?

Træthed

Jeg vil kort komme ind på begreberne at være træt og søvnig, der hænger lidt sammen med næste afsnit om drømme. Jeg vælger at give de to begreber forskellig betydning. Når du føler dig træt, skal du hvile dig og når du føler dig søvnig skal du sove. At hvile sig er ikke det samme som at sove, selv om du kan hvile dig mens du sover.

Når du hviler dig, slapper du af både fysisk (kroppen), mentalt (tanker) og emotionelt (følelser). Når du sover giver du sjælen et "frikvarter" fra det fysiske, hvor du som sjæl kan slippe fri for dualitetens tyngde. Du, som sjæl, mister naturligvis ikke forbindelsen til kroppen, men du har sikkert haft nogle oplevelser med pludselig at vågne og være "ude af dig selv".

Føler du dig træt, skal du hvile. Dette gælder for kroppen, tanker og følelser.

Føler du dig søvnig, skal du sove. Dette er sjælens "frikvarter" fra 3D.

Kroppen er udviklet til ikke at behøve hvile hvis den ikke overbelastes, så det er som regel vores mentale og emotionelle dele som vi slider for meget på. Det fortæller os, at det er her vi overbelaster os selv med for meget tænkning, bekymring og emotionelle rutsjeture, når vi reagerer på den ydre verden. Begrebet power nap, beskriver hvordan du kan tage dig en kort lur (på engelsk, nap) på for eksempel ti minutter og efterfølgende have meget energi (på engelsk, power). Det fortæller os, at selv en kort afbrydelse fra hverdagen, kan genetablere den energiforsyning vi har til planeten og vores eget "indre" energisystem.

Det kan også fortælle os, at det er en illusion at vi mennesker i gennemsnit skal sove omkring otte timer i døgnet, og helst i ét stræk for at være det vi kalder udhvilede. Der kan naturligvis være tider, hvor vi kræver mere søvn end andre, men ofte er det blot en vane og en overbevisning.

Til fordybelse

- Hvor meget søvn behøver du for at føle dig frisk og veludhvilet næste dag?

- Søvnbehovet kan variere gennem livet. Hvad kan søvnbehovet være afhængigt af?

- Hvilke ting gør, at du tappes for energi? Det kan både være noget der kommer udefra og noget der kommer "inde" fra dig selv.

Drømme

Drømme har altid givet anledning til mange spekulationer og der er fremkommet mange forklaringer på, hvad dette fænomen i virkeligheden er, og hvilken gavn det gør.

Drømme kan være beskeder der kan forstås direkte eller oplevelser i andre dimensioner, som du kun kan tage med tilbage til din vågne forståelse i nedtransformeret* form. Jeg talte lidt om dette under kapitlet, Dimensioner, hvor en oplevelse i en anden dimension ikke kunne forstås direkte af intellektet. Det vil derfor kun være fragmenter, små stykker, af hele episoden der når med "tilbage", og intellektet prøver så at sætte stykkerne sammen til noget som det kender i forvejen. Derfor kan det ikke undre, at drømme kan være meget forvirrende.

Prøv at spørge ind til disse drømme lige før du vågner helt. Det kan give dig en bedre forståelse. Måske får du en forklaring på noget i dit liv eller en mulig løsning på en opgave som du har gået og tumlet med. Det kan være, at svaret først dukker op på et senere tidspunkt, så forvendt ikke nødvendigvis et svar nu og her.

Du kan også spørge ind til de følelser du havde i drømmen og måske tænke på, i hvilke forbindelser du havde eller har de samme følelser. Det kan pege hen mod noget som du skal have løst i dit liv. Det er også vigtigt at forstå, at de personer som du kender i dit vågne liv og som optræder i drømme, kan optræde som "redskaber" til at vise dig forskellige følelser eller handlemønstre. Du skal ikke nødvendigvis sammenkæde personen med de følelser og handlinger der optræder i drømmen. Du skal med andre ord for eksempel ikke bære nag til en person, hvis denne figur har givet dig denne følelse i drømmen. Man kan sige, at det er vigtigst at fokusere på følelsen, dernæst situationen og først til sidst personen. Personen i drømmen kan også optræde som et "spejl", hvor den viser hvordan du selv agerer i dit liv. Du oplever med andre ord dig selv, blot fra en anden vinkel.

Grunden til, at du hverken kan finde hoved eller hale i nogle drømme, kan også have følgende forklaring. Efterhånden som du bliver mere og mere klar over hvem, eller egentlig hvad, du i virkeligheden er, vil din personligheds bevidsthed, også kaldet dagsbevidsthed, og din sjælsbevidsthed smelte mere og mere sammen. Dine bevidstheder bliver til én. Den bevidsthed der oplever noget i andre dimensioner, er den samme som er aktiv i din såkaldte vågne tilstand. Nu er den bare begrænset af at være i en tredimensionel verden. Derfor kan dit intellekt ikke fatte de helt anderledes begivenheder der foregår i andre dimensioner. Den prøver, som før fortalt, at sammenligne med noget den kender.

Derfor bliver de mange sammenligninger stykket sammen til en kaotisk drøm. Dette er faktisk intellektets største begrænsning, nemlig at den altid går "tilbage" til fortiden for at finde svar på hvad den oplever. Den lever i fortiden. Det betyder så også, at du er nødt til at skulle "ud af hjernen" for at leve i nuet.

En anden ting som sker når du sover og giver sjælen fri er, at du afprøver forskellige handlinger i andre dimensioner, for at finde den bedste handling i dit liv på Jorden. Du går altså ind i et handlingslaboratorium og afprøver forskellige handleforløb, hvorefter du prøver at bringe det bedste, i forhold til det du vil opnå, med tilbage og ind i dit liv. Forestil dig, at du placerer det resultat du kom til i laboratoriet i den suppe af muligheder du altid har omkring dig. Det vil gøre, at det er mere sandsynligt, at du vælger denne handling; specielt hvis du, i din vågne tilstand, føler ind til hvordan du ønsker at handle. Du er naturligvis altid nødt til at føle dig til handlingen, da du ikke kan tænke dig til handlingen og få fat på den i dit energifelt. Altså, føl og handl; ikke tænk og handl.

Til fordybelse

* Find eksempler på, at du har følt hvad du skulle gøre uden at have tænkt over det

først. Det er det som vi kalder, at du handler intuitivt.

- Det kan være en god ide at lave en drømme-dagbog. Når du på et senere tidspunkt læser det du har skrevet, kan du være opmærksom på de ord og vendinger du har brugt. Hvorfor har du netop skrevet sådan? Har du brugt ord som du normalt ikke bruger?

Tid

På et tidspunkt satte jeg mig ned og spurgte ind til, altså spurgte mit højere selv, hvad jeg kunne fortælle om begrebet tid. Dette var mit svar:

Eksperimentet "at være udenfor tiden":

"Du har sikkert af og til følt, at tiden går hurtigere eller langsommere end hvad du kunne forvente af en given oplevelse."

"Vi er nødt til at skelne mellem to slags tid, tiden som vi kan se på vore ure og den tid som vi føler. Tiden på urene kan vi ikke gøre så meget ved, men den tid som du føler, er det meget lettere at arbejde med. Urtiden tikker bare derud af sekund for sekund lige meget hvad vi gør. Føletiden er derimod en følelse af en fremadskridende begivenhed."

"Forestil dig, at du deltager i en begivenhed og du morer dig dejligt. Der sker meget under begivenheden, men når du efterfølgende ser på dit ur, kan du ikke forstå, at alt dette er sket på så kort tid. Svaret er, at du har været i en tilstand af ren glæde, hvorved du har skabt denne føletid, eller rettere, du har (op)levet noget udenfor urtiden."

"Når du senere ser tilbage på en sådan begivenhed, kan du omvendt tænke, at urtiden har været lang. Det hænger sammen med, at du nu sætter mængden/længden af begivenheder lig med den urtid som begivenhederne "burde" have taget, i forhold til den opfattelse af urtiden, som du har. Sker der meget, bør det have taget lang (ur)tid."

"Et eksempel på, hvordan du arbejder med føletiden: Lad os sige, at du venter på en bus. Denne venten er bundet til urtiden og du "føler", at tiden går langsom fordi der ikke sker noget i dette tidsrum. Hvis du, i stedet for at vente, bare sidder eller står i nuet, vil du flytte udenfor urtiden og bare være i stedet for at "gøre" denne venten. Du er faktisk en begivenhed i stedet for at "gøre" en begivenhed! Denne begivenhed er en del af dig, netop fordi du skabte den."

"Gå ikke med ur. Du vil hurtig lære at føle hvad urtiden er, eller bedre, hvornår det er det rigtige tidspunkt. Forbind dig ikke til urtiden og blive en slave af den. Derved har du kun 24 timer i døgnet. Du skal ikke leve i "tid", men leve i begivenheder! Du skal ikke "gøre" begivenheder, men være begivenheder. Vær bevidst om, at du har skabt begivenheden til at starte med og at det du skaber tilhører dig."

Som du måske har bemærket, bliver det, at du selv skaber føletiden, nævnt tre gange. Dette betyder, at denne information er meget vigtig. Det fortæller også, at du selv skaber dit liv og lige så vigtigt, at du selv må tage ansvaret for det! Dette med urtid og føletid i fortællingen er mere "fyld" for intellektet, tanken, forstanden.

Fortid, nutid, fremtid

Når vi taler om nutiden, kan vi reelt kun tale om dette øjeblik, lige her og nu, da det er her vores bevidsthed er. Det er ikke hele dagen eller "i denne moderne tid". Vi kan tænke på fortiden og forestille os fremtiden, men vi eksisterer kun i nuet. Dette nu, vil dog øjeblikket efter være blevet til fortid, så eksisterer der overhovedet et nu? Jeg vil vove den påstand, at nuet kun eksisterer som et koncept, så vi kan opleve at vi eksisterer. Nuet skal give os realisationen, "Jeg eksisterer, jeg er!".

Her får du endnu en lille historie. Den hedder Suppegryden.

"Vi vil fortælle dig hvad der sker i det som du kalder fremtiden; den er nemlig forbundet med fortiden. Ikke at forstå, at "fortiden" skaber fremtiden, men kun at fortidens valg har indflydelse på nutidens valg. Fortidens energi blander sig med nuets energi og påvirker dermed de valgmuligheder der er foran dig. Altså de valg, som det er mest sandsynlig, at du vil gøre. Du kan forestille dig en stor gryde med suppe som allerede indeholder mange ingredienser som tidligere er kommet i og som til enhver tid giver den dens nuværende smag, duft og konsistens. Til forskel fra almindelig suppe, kan du med livets suppe, fjerne enhver ingrediens som du ikke længere ønsker, skal være en del af suppen. Ved at fjerne ingredienser, giver du så at sige plads til at nye, spændende ting kan kommes i suppen."

"Du er skaberen af dit liv og er derfor den eneste der reelt kan ændre den. Så enkelt kan det siges! Og husk, at du er kokken og ikke suppen!"

Til fordybelse

• Prøv at finde oplevelser i dit liv, hvor din opfattelse af tid har været anderledes end du forventede.

• Kan du drage nogen konklusioner ud af dine erfaringer?

Parforhold

Den største generelle udfordring i et parforhold er, at overvinde angsten for at blive forladt eller at miste!

Jeg er blevet spurgt og har også tidligere spurgt mig selv: "Hvorfor lever du alene? Det ser heller ikke ud til, at du søger efter en partner."

Mange søger udenfor sig selv efter det som de føler, de ønsker sig eller ikke kan leve uden, og indikerer hermed, at de mangler noget; at de ikke er hele. Man leder efter en partner med de egenskaber som man ønsker man selv har. Signalet til ens liv er derfor: "Jeg er ikke hel i mig selv, jeg mangler noget." Den indstilling kommer så til udtryk i ens liv og man kommer derfor til at leve med et liv med mangler.

Man forventer, at den ydre verden skal levere det man mangler, og ved at leve med fokus udenfor sig selv i evig søgen, finder man aldrig ud af, hvem man egentlig selv er og hvad man selv indeholder. Man ved bare, at man mangler noget, som andre skal give en. Man må derfor ud og sælge sig selv, prostituere sig, for at handle sig frem til at få sine behov dækket. Men selv om man finder en partner der matcher manglerne, er man stadig kun en halv person, set ud fra sig selv. Resten eksisterer i den anden person. Man er derfor nødt til at kræve ejerskab

over den anden person, for at kunne gøre krav
på evnerne. Dette forhold kan betegnes som et
herre-slaveforhold eller et afhængighedsfor-
hold hvis man selv er slaven i forholdet. Man
kan naturligvis også være afhængig af at skulle
være herren.

Når man har fundet den partner der har alt det
som man selv mangler, det man værdsætter og
beundrer, er livet i starten naturligvis en dans
på roser. Men netop den store forskellighed, der
i starten fascinerer, bliver også den der kan give
knas i forholdet på længere sigt. Hvis man er i
stand til at dele og integrere forskellighederne
ligeligt, er der en stor chance for, at parforhol-
det vil blomstre.

Jeg søger indad, da jeg ved, at jeg indeholder
meget mere end det jeg umiddelbart er bevidst
om. Jo mere jeg søger indad, des mere kommer
jeg til at kende mig selv, og des mere hel føler
jeg mig.

Hvis jeg skal have en partner, må det nødven-
digvis være en "hel" person, så forholdet består
af to hele personer, frem for to halve.

Da jeg ikke leder efter en person fordi det ikke
er nødvendigt for mig at finde noget som jeg har
brug for udenfor mig selv, ligger det ligesom
ikke i kortene, at jeg umiddelbart vil finde en

partner. På den måde skaber jeg selv min egen "enlighed"; ikke at forveksle med ensomhed.

Til fordybelse

- Kan du genkende denne søgen efter det man tror man mangler?
- Hvad søger du?
- Hvad er det som du beundrer hos et menneske du ser op til?
- Hvad kan du gøre for at starte den proces der skal fremme disse egenskaber hos dig selv?

Acceptér dig selv som den du er

Du har sikkert oplevet at være forelsket og har også elsket denne persons "fejl", der netop gør denne person speciel. Gør det samme ved dig selv. Tag tid til at være alene med dig selv og din elskede der også er dig selv. Da vi mennesker identificerer os meget med vores krop, er det en god idé at starte med at elske den. Forkæl den, giv den opmærksomhed, ja velsign den, som jeg tidligere talte om ved kroppens celler. Vis at du er taknemmelig for at du har den, da du ikke kunne agere på det fysiske plan uden den. Jeg håber, at du på et tidspunkt vil kunne mærke, at den også elsker dig. Husk at du ikke ER din krop. Den er i bund og grund en selvstændig skabning, som du som bevidsthed har "lånt" af Gaya, Jordens deva, eller engel.

Ved at acceptere dig selv, med alle dine "fejl" og skøre indfald og være i stand til at grine af dine reaktioner og "uheld", gør du dit liv til et sjovt teaterstykke eller en sjov film, frem for et drama eller en tragedie.

Elsk dig selv som den gudsskabning du er, og se dig selv som en uundværlig musiker i Alt Som Er's store orkester. Uden dig, kan musikken ikke være perfekt; og Alt Som Er ER netop perfekt. Dette betyder, at Alt Som Er ikke kan eksistere uden dig og den musik du spiller!

Til fordybelse

- Prøv at finde nogle ting hos dig selv, som du kunne elske hos en anden person.

- Hvad kan du gøre for at elske og ære din krop?

Alt er, som det skal være

Overskriften "Alt er, som det skal være" er noget af en påstand, men jeg vil bruge den til at give dig en mere afslappet holdning til det der sker omkring dig. Ved at forstå, at der altid er en grund til det der sker og det der IKKE sker, vil du ikke få mange af de "negative" følelser, der bringer dig ud af balance og tager din energi: At blive forarget, at føle at det er synd, at noget ikke er retfærdigt, at nogen bør straffes og så videre. Ved, populært sagt, at se livet omkring dig som et stort teater, hvor de fleste medvirkende har glemt, at de "kun" spiller med i et stykke som de selv til stadighed skriver på, kan du lettere acceptere det der sker "derude", som acceptable handlinger, uden måske selv umiddelbart at kunne se meningen med dem.

Ved kun at være observerende og ikke deltagende og dømmende, altså at være i dine tanker og følelsers magt, vil du have meget lettere ved at se meningen, måske ikke umiddelbart, men på et senere tidspunkt. Du kan dog ikke forvente, at det altid skal give mening for dig. Det er jo ikke sikkert, at du er med i det "stykke" der spilles og det spilles derfor ikke til ære for dig.

Til fordybelse

- Hvis du vidste, at alt er som det skal være, hvordan ville dit liv så være?

- Hvilke ting vil du så umiddelbart ændre i dit liv?

- Hvilke ting vil du på længere sigt ændre?

Afslutning

Efter at have læst bogen, er du måske kommet til den konklusion, at det meste af det som jeg har skrevet om, er en illusion. Det er også underligt for mig kun at kunne skrive om noget der IKKE eksisterer i virkeligheden, uden at være i stand til at forklare, med ord, hvad virkeligheden i virkeligheden er.

Jeg regner med, at du har fået trænet din skelneevne og at din sunde fornuft har bragt dig til slutningen af bogen. Hvis du har kunnet arbejde med de uddybende punkter i slutningen af hvert kapitel, er jeg sikker på, at du er kommet til at kende dig selv bedre. Det har måske kostet dig "blod, sved og tårer", nok mest det sidste, men som det gælder med alt her i livet, kommer vi ud på den anden "side" med en større forståelse af netop livet og samtidig med en visdom som vi kan vælge at dele ud af til andre på vores vej.

Jeg husker hvor frustreret jeg var, under meget af det arbejde jeg lavede, mens jeg gik på healerskole. Jeg havde stor modstand mod mange af de ting der lå lige under overfladen af min bevidsthed og skulle også bearbejde den vrede som opstod, når jeg gav mine omgivelser skylden for disse ting, selv om jeg inderst inde godt vidste, at jeg kun havde mig selv at takke for dem.

Jeg har været meget åben overfor dig omkring forskellige ting fra mit eget liv og jeg håber, at du ligeledes vil være åben overfor de aspekter af dig selv som du møder, og erkender dem for det de er. Det er vigtigt at stå ved hvad du er og en nødvendighed hvis du skal stå som en autentisk person overfor andre mennesker og andre skabninger og for at kunne møde dem som ligeværdige medlemmer af denne skabelse, som vi kalder Verden.

Jeg håber, at du kan bruge den information og vejledning som jeg har præsenteret dig for og at du er blevet mere bevist om, at du kan vælge hvor meget de ting som du oplever, skal have lov til at fylde i dit liv. Dette gælder både ydre og indre oplevelser samt tanker, følelser og emotioner.

Jeg kunne vælge blandt mange gode råd, men det råd jeg vælger at give dig her er: Vær til stede i dig eget liv og nyd det, både når du er medspiller og når du er publikum.

Velsignet være dig for hvad du er!

Del 3: Tillæg

Meditation

Vipasana meditationsteknik

Dette er en meget let meditationsteknik som kaldes Vipasana. Det er ikke nødvendigt, at du tror på en gud eller en guru og den kan udføres på et hvilket som helst tidspunkt på dagen. Den indvirker direkte på dit sind og gør det mere opmærksomt.

Teknikken i en nøddeskal er, "vær opmærksom på din vejrtrækning". Vores vejrtrækning og sind er tæt forbundet. Hvis du bliver vred, vil du opleve, at din vejrtrækning bliver voldsommere. Hvis du kontrollerer din vejrtrækning, vil du opleve, at dit sind falder til ro. Når du bliver rolig, vil din vejrtrækning regulere sig og når den gør det, vil dit sind falde til ro. Vipasana bringer denne vekselvirkning under din fulde opmærksomhed.

Nu til selve teknikken. Sæt dig i arthapadmasana stilling. Det er en let Buddha-stilling hvor du sidder i skrædderstilling på gulvet med ret ryg. Balancér din krop. Lad os se på hvordan du balancerer din krop. Luk øjnene og læn langsomt din overkrop fremover mens du føler vægten af din krop. Nu læner du dig bagover indtil du når et punkt hvor dit tyngdepunkt ligger på en lige linje og du føler dig vægtløs. Fra denne position, læner du dig længere bagover indtil du igen føler vægten af din krop. Læn dig nu igen fremad indtil du når det samme punkt af vægtløshed igen. Dette er din position for meditationen. Hver har sin egen position for meditation og alle kan finde den med denne enkle metode.

Når du trækker vejret, sker der fire ting: Luften kommer ind, den returnerer for at komme ud, den kommer ud og returnerer for at komme ind. Det eneste du skal gøre, er at holde øjnene lukkede og være meget opmærksom på disse fire trin uden at tabe nogen af dem. Se dem nu lige som om du er et vidne til disse fire trin i din vejrtrækning. Når du gør det, så undertryk eller modarbejd ikke de tanker der kommer op. Se blot på dem med venlighed. Denne teknik blev skabt af Buddha.

Ved at praktisere denne teknik hver dag, får du en større klarhed i dit liv og vil du blive fuldt bevidst om dit sind og din krop. I øjeblikket bestemmer dit sind og din krop selv. Du bevæger dig bag dem. Når du sætter dig ind i en bil og starter den, burde du være i stand til at stoppe den når du ønsker det; kun derved har du kontrol med bilen, ellers har bilen kontrollen over dig! Det samme gælder vores sind. Vi har startet vores sind, men vi er ikke i stand til at stoppe det. Vores sind styrer nu os. Alt hvad vi gør bevidst giver store forandringer i vores liv. Denne teknik giver os større bevidsthed om vores sind og krop.

Bemærkninger til Vipasana-meditationen

Hvis du i starten føler dig meget generet af tanker og følelser der hele tiden kommer og forstyrrer dig, kan du bruge et mantra, der er et ord elle nogle få ord, der siges eller tænkes igen og igen. Ved at sige ordene fokuseres hele din opmærksomhed på dette og tanker og følelser glider i baggrunden. Brug for eksempel mantraet: "fred, sollys, ubetinget kærlighed". Vær opmærksom på, at det kun skal være en hjælp i starten. Når du opnår mere ro i dit sind og dine tanker, går du over til kun at arbejde med åndedrættet.

Nogen finder det også nyttigt at fokusere på en flamme og derved kanalisere fokus ud i rummet. Det har dog den ulempe, at øjnene kan blive tørre og irriterede, men prøv det, hvis du føler for det.

Når du arbejder med Vipasana, vil du opdage, at der efterhånden dukker andre tanker op, end du er vant til. Du har nu den ro der skal til for at dit "højere selv" kan komme igennem. Du ER dit højere selv, men personligheden stiller sig i vejen. Ikke for skade dig, men da den mener, at det er dens arbejde, at sørge for at du overlever, er den meget vedholdende. Grundlæggende er personligheden bange for at dø og jo mere bevidst du er, des mindre behov er der for personligheden. Den forudsiger sig egen død. Du kan eventuel forsikre personligheden om, at du stadig har brug for den, men at den ikke længere skal overbebyrdes. Den skal jo bruges når du skal fremstå overfor Verden.

Du vil også opleve, at du får en anden fornemmelse af tid når du mediterer. Det er som om tiden får mindre indflydelse, når du er opmærksom på nuet.

Husk at meditation i virkeligheden er en form for hypnose, men den bruges til at skabe stilhed i din hverdag, indtil du ER denne stilhed og ikke længere har brug for hypnosen.

Henvisninger

Henvisningerne er både kilder der har inspireret mig og kilder som med fordel kan benyttes til at uddybe nogle af de emner som jeg har været inde på.

Hudson, Geoffrey: "Fødslens Mirakel – Et clairvoyant studium af et menneskefoster". Udgivet som bog af Det Teosofiske Samfund ISBN 87-88501-10-8, men kan også findes i pdf-format på www.visdomsnettet.dk.

Lipton, Bruce H. (2005): "Intelligente Celler – Overbevisningens Biologi: De mirakuløse kræfter i bevidsthed og stof", Borgen (2009).

Muhl, Lars: "Det aramæiske mysterium". Bogen er udkommet i en udgave med en DVD, hvor Muhl fortæller ud fra bogens indhold. Jesus talte aramæisk. Ordene i sproget har en dybere og underforstået mening, der ikke er blevet taget højde for i oversættelserne og tolkningerne af, hvad Jesus og andre der benyttede sproget, fortalte os. - www.larsmuhl.dk

Brug Internettet. Der er meget "skidt" derude; det genspejler jo massebevidstheden, men der er også meget reel og brugbar information. Måske det du netop står og mangler for at få en ny vinkel til at komme videre mod en større forståelse og erkendelse af helheden.

Dobbeltspalteeksperimentet: www.whatthebleep.com og søg på "Dr. Quantum" for at se en video (på engelsk) der beskriver eksperimentet. Forskerne har bevist at bevidstheden påvirker vores verden.

Vipasana meditationsteknik: www.vipassanadhura.com

Lighed: Når Jacob Nørkov Friis taler om kærlighed, taler han om "den kære lighed", lige såvel som ligegyldighed er "den lige gyldighed". Vi er alle lig hinanden og har samme gyldighed, altså samme værdi. Denne erkendelse stammer fra, at vi alle kommer samme sted fra og at vi i sidste ende alle er ET. Når du møder et andet menneske, møder du et aspekt af dig selv; egentlig dig selv, da vi alle er ET. Dette ET er Alt Som Er, men samtidig er du din egen bevidsthed. Vi er både ET og selvstændige skabninger på samme tid.

Tak fordi du læste min bog. Jeg håber du har nydt godt af den og beder dig om at tage et øjeblik og lave en anmeldelse på din foretrukne forhandlerhjemmeside.

Om forfatteren

Jeg er født i 1961 i Lemvig. Jeg så min første UFO da jeg gik i 8. klasse, midt på dagen i et frikvarter, så jeg har altid vidst, at der var noget derude.

Jeg er uddannet teknisk tegner, teknisk assistent og elektroniktekniker i Sønderborg, har afsluttet mit seneste arbejde som tekniker i 2005 og bliver bachelor i pædagogik i Åbenrå i 2010.

I 2003 starter jeg på healeruddannelsen i Åbenrå, mest efter arbejdstid, og afslutter trin 1 i 2005, hvilket var et af de større skridt mod en mere metafysisk tilgang til livet. I den periode får jeg kontakt med flere personer der er medier for ikke fysiske skabninger, hvilket giver mig yderligere indsigt. Efterhånden får jeg mere tiltro til mine egne evner og kan efterhånden føle ind til informationer der kan gavne mig i hverdagen.

- Erik Istrup